한국어 발음 어떻게 가르칠까

- 외국어로서의 한국어 발음 교육론 -

한국어 발음 어떻게 가르칠까

-외국어로서의 한국어 발음 교육론-

박기영 · 이정민

역락

　최근 몇 년간 한국어 교육학 분야에서 한국어 교재를 제외한다면 가장 꾸준히 출판된 전공 서적은 한국어 발음 교육론이 아닌가 한다. 머리말을 쓰는 지금도 필자의 옆에는 최근에 출판된 예닐곱 권의 한국어 발음 교육론 책이 쌓여 있다. 여기에 또 한 권의 한국어 발음 교육론 책을 더하기로 한 것은 필자들의 입장에서는 여간 부담스러운 일이 아니었다. 한국어 발음 교육을 전공으로 삼은 대학원생에게 뭔가 조그마한 아이디어라도 제공해 주거나, 국내나 해외의 한국어 교육 현장에서 발음 교육이라는 문제로 고민하는 한국어 교사에게 실제적인 도움을 줄 수 있으면 좋겠다는 소박한 생각을 가지고 시작하였으나 책의 간행을 앞둔 지금 이러한 목적이 제대로 구현되었다고 자신 있게 말하기는 어려운 것 같다.

　한국어 발음 교육론은 제2언어로서 혹은 외국어로서 한국어를 배우는 학습자에게 한국어 발음을 어떻게 가르칠 것인가에 대한 이론적인 연구와 교육 현장에서의 실제 발음 교수가 서로를 보완하며 발전시켜 나가는 응용 학문 분야이다. 그렇기에 한국어 음성학, 음운론이나 제2언어 발음 습득에 대한 이론적인 토대가 없이는 한국어 교육 현장에서 발음 수업을 이끌어 가기가 어렵고, 한국어 교육 현장에서의 발음 교육 경험이 바탕이 되지 않는다면 영어 중심의 발음 습득론이나 발음 교수법을 넘어 한국어 발음 교육론을 체계화하기가 쉽지 않다. 이러한 한국어 발음 교육론 분야의 특징을 염두에 두고 이론과 실제의 균형을 고려하면서 이 책의 각 장을 구성하고 집필하고자 하였다.

이 책의 구성은 크게 1, 2장과 3~8장으로 나뉜다. 1장에서는 주로 한국어 발음 교육의 필요성과 중요성 및 목표 설정에 대한 논의를 담았으며 2장에서는 발음 교육의 출발점인 발음 진단과 발음 수업의 단계별 구성에 대해 서술하였다. 1, 2장의 논의는 3~8장에서 다루고 있는 모음과 자음, 음절, 음운변동, 억양에 대한 발음 교육론 기술의 토대가 된다.

3~8장에서는 각 장별로 모음과 자음, 음절, 음운변동, 억양에 대한 이론과 발음 교육의 실제를 다루었다. 이론적인 측면에서 특히 주안점을 둔 것은 한국어 음성학과 음운론의 연구 성과를 한국어 발음 교육론에 적용시키는 부분에 대한 논의였다. 한국어 교재에서의 발음 기술, 발음 교재 및 발음 수업 자료를 개발하기 위한 교육 내용의 선정과 배열 등에 있어서 기존의 한국어 음성학과 음운론의 연구 성과를 한국어 발음 교육의 관점에서 어떻게 취사선택할 수 있는지, 또 새롭게 나누거나 통합할 필요는 없는지에 대해 비판적으로 검토하였다. 기존의 한국어 발음 교육론 관련 저서에서도 이러한 검토가 이루어지지 않은 것은 아니나 이 책에서는 모음과 자음, 음절, 음운변동, 억양 각 부분에 대하여 좀 더 자세하게 살펴보고자 하였다.

발음 교육의 실제와 관련된 서술에서는 발음 수업의 구성 가운데 주로 제시와 연습 단계에 활용 가능한 교육 활동을 다양하게 제시하고자 하였으며 모음, 자음, 음절, 음운변동, 억양 각 부분에 대하여 발음 수업 교안의 예시를 작성, 제시하였다. 기존의 한국어 발음 교육론 연구 성과를 반영하여 주로 자음에서 다루었던 종성의 발음을 중성과의 연결을 고려하여 음절의 관점에서 다루고자 하였으며, 각 부분마다 제시된 발음 수업 교안의 예시에서 실제 교사 발화를 중심으로 교안을 작성하여 그 실제성을 높인 것이 이 책의 특징이라 할 수 있을 것이다.

　교육과 연구의 햇수를 더해 갈수록 분명해지는 것은 혼자만의 성과나 업적이 하나도 없다는 것이다. 이 책 또한 많은 분들의 도움이 없었다면 결코 간행될 수 없었을 것이다. 먼저 함께 책을 쓰느라 수고한 이정민 선생님에게 감사를 표하고 싶다. 이정민 선생님의 도움과 조언이 없었다면 이 책은 아마 이 세상에 나오기 어려웠을 것이다. 이 책의 삽화를 손수 그려 주신 이정아 선생님에게도 감사를 드린다. 서울대 언어교육원 한국어교육센터에서 발음 교재를 함께 집필하면서 여러 선생님들로부터 배웠던 발음 교육의 지식과 경험은 이 책의 서술 곳곳에 녹아있다. 지면을 통해 감사의 말씀을 전한다. 늘 함께 지내면서 교육, 연구뿐만 아니라 인생의 지혜에 대해 가르쳐 주시는 서울시립대 국어국문학과의 교수님들께도 감사의 말씀을 드리고 싶다. 한국어발음교육론 수업에서 이루어지는 질문과 대답을 통해 늘 새로운 생각을 하게 해 주는 서울시립대 대학원생들에게도 감사의 말을 전한다. 마지막으로 한 권의 책으로 이 세상에 나올 수 있도록 편집과 출판에 모든 노력을 아끼지 않은 역락출판사의 사장님과 박윤정 과장님께 심심한 감사의 말씀을 드린다. 많은 분들의 도움을 받아 간행된 책이지만 이 책에 실린 내용의 오류나 잘못은 순전히 저자들의 몫이다.

부디 이 책이 한국어 교육 현장의 교사들이나 한국어 발음 교육 연구에 뜻을 둔 대학원생들에게 아주 작은 도움이라도 되기를 소망한다.

저자를 대표하여
박기영 씀

● 차례 ●

제1장

한국어 발음 교육의 목표

1. 발음 교육의 필요성

한국어 발음 교육론은 한국어 학습자에게 한국어의 발음을 어떻게 가르칠 것인가를 연구하는 학문 분야이다. 한국어가 제1 언어가 아닌 한국어 학습자가 발음 교육의 대상이 되며, 한국어의 발음은 교육 내용이 된다. 어떻게 가르칠 것인가는 교육 방법에 해당된다고 할 수 있다.

발음 교육의 목표가 무엇인지 살펴보기 이전에 우선 발음 교육은 과연 필요한 것인가 하는 질문부터 생각해 보도록 하자. 다음은 한국어를 배우고 있는 외국인이 친구들과 함께 술집에 가서 주문을 하는 과정에서 생긴 에피소드이다.

친구들과 술집에 간 외국인 학생. 술을 잘 마시지 못해서 콜라를 주문하려고 한다.

한국 학생: (메뉴판을 보며) 전 ○○○ 맥주 주세요.
외국 학생: (메뉴판을 보며) 전 콜라 주시겠어요?
종 업 원: 아, 네 ○○ 맥주가 요즘 인기가 많고요.
　　　　　 △△ 맥주는 여성분들이 좋아해요. 어떤 걸로 하시겠어요?
외국 학생: 네? 아… 괜찮아요. 맥주 말고 콜라 주세요.

위의 대화 상황을 보면 어디에서 의사소통에 문제가 생겼는지 짐작할 수 있을 것이다. 외국인 학생의 '콜라' 발음을 술집 종업원이 '골라'로 들으면서 의사소통이 제대로 이루어지지 않은 것이다. 이 외국인 학생은 아직 한국어의 평음 'ㄱ'과 격음 'ㅋ'을 정확하게 구별하여 발음하지 못하는 상태임을 알 수 있다.

외국인 학생이 한국어의 평음과 격음을 잘 구별하지 못하는 것은 일차적으로 자신이 지금까지 사용해 온 모국어의 자음 체계에 한국어의 평음, 격음의 구별이 존재하지 않기 때문일 것이다. 모국어의 발음 체계가 새로운 한국어의 자음 구별을 배우는 데 방해가 되는 것이다.

다른 언어를 배울 때 우리는 이미 습득한 모국어의 영향을 상당히 많이 받게 되는데 특히 발음의 경우는 더욱 그러하다. 한국어가 모국어인 여러분들은 다음과 같은 영어 단어의 발음을 어떻게 하는가? 한번 자신의 발음을 관찰해 보자.

nickname, online, good night

약간씩 차이가 있겠지만 대부분의 한국 사람들은 다음과 같이 발음할 가능성이 크다. (물론 영어 발음과 한국어 발음의 차이를 분명하게 인식하고 있는 사람이라면 둘을 구별하여 발음할 것이다.)

[닝네임], [올라인]~[온나인], [군나잍]

아마도 위와 같이 발음하면 영어 모국어 화자는 무슨 의미인지 알아듣지 못할 것이다. 나중에 자세히 살펴보겠지만 위의 발음에는 영어의 발음 방식이 아닌 한국어의 발음 방식이 반영되어 있기 때문이다. 이처럼 모국어의 발음은 부지불식간에 외국어의 습득에 영향을 미치게 되고 의사소통을 가로막는 원인이 되기도 한다. 이것은 발음 교육이 왜 필요한지를 보여 주는 하나의 예라 할 수 있을 것이다.

　의사소통을 목적으로 외국어를 학습할 때, 학습자가 가장 먼저 학습해야 할 것은 그 언어에 나타나는 발음을 배우는 것이다. 아무리 언어 지식이 많다고 하더라도 발음의 정확성이 떨어지면 효과적인 의사소통을 못할 가능성이 많다. 또 발음이 좋지 않은 경우에는 실제 자신의 언어 능력보다 더 낮게 평가받을 가능성도 있다. 발음 교육의 가치에 대해 여러 가지 시각이 있을 수 있으나, 어떤 목적으로 외국어를 사용하더라도 발음이 좋을수록 의사소통의 효율성이 커지고 외국어 능력의 유창성에 대한 신뢰도 함께 커지는 것은 분명하다. 문법이나 어휘력, 듣기 능력이 아무리 뛰어나도 의사소통의 일차적인 수단은 발음이기 때문이다.

2. 발음 교육의 위상

　이처럼 발음 교육은 한국어 교육에서 반드시 필요한 부분이지만 발음 교육의 위상은 그 필요성에 비해 그리 높지 않은 것이 사실이다.

　발음 교육의 위상은 외국어 교수법의 접근 방식에 따라 달라져 왔다. 우선 문법번역식 교수법(Grammar Translation Method)에서는 명칭 그대로 외국어 교육의 목표가 문법과 어휘 학습을 통한 목표어 텍스트의 번역에 있었으므로, 문어를 학습하는 데 있어서 중요한 요소인 문법이나 어휘에 비해 구어의 중요한 요소인 발음이 차지하는 비중은 매우 낮았다.

이에 반해 외국어를 습득하는 과정을 모국어를 습득하는 과정과 동일하게 보고 이를 외국어 교수 방식에 적용시키고자 한 직접교수법(Direct Method)에서는 발음에 대한 중요성이 높아질 수밖에 없었다. 구조주의 언어학과 행동주의 심리학에 바탕을 두고 언어의 구조에 대한 체계적인 접근과 반복적인 학습을 통해 외국어를 가르치고자 했던 청각구두식 교수법(Audiolingual Method)에서도 발음 교육의 위상이 상대적으로 높았다. 특히 청각구두식 교수법에서 발음과 관련된 교육은 모국어 화자와 같은 수준의 발음, 정확한 발음을 목표로 하였으며 주로 모음, 자음의 발음을 교육 내용으로 삼아 최소대립쌍을 이용하여 반복적으로 듣고 따라하는 방식으로 발음 수업이 이루어졌다.

한편 의사소통 능력의 신장을 외국어 교육의 목적으로 하는 의사소통 중심 접근법(Communicative Approach)에서는 발음 교육의 위상에 다소 부침이 있었다. 초기에는 발음 그 자체보다는 의미의 전달에 초점을 맞추었기 때문에 발음 교육에 큰 비중을 두지 않았다. 그러나 목표어 발음에 노출시키는 것만으로는 실제 구두 의사소통에 어려움을 겪는 학습자들이 늘어나게 되자 발음 교육의 중요성에 대해 다시 생각하게 되었다. 다만 의사소통 중심 접근법에서의 발음 교육은 모국어 화자와 같은 수준의 발음 정확성을 요구하는 것이 아니라 의사소통에서의 이해명료성(intelligibility)[1]에 초점을 두고 이루어졌다. 이해명료성은 한국어 모어 화자가 외국인 학습자의 발화를 듣고 이해할 수 있는 정도를 의미한다. 이렇게 모국어 화자와 동일한 발음에서 이해명료성을 높이는 쪽으로 발음 교육의 목표가 수정된 것은 발음 교육에 있어서 큰 전환점이

---

1) '이해명료성(intelligibility)'은 한국어 발음 교육론에서 '이해 가능한 발음', '이해가능성' 등으로도 번역되기도 한다. 이해명료성의 개념에 대해서는 이향(2017)에 잘 정리되어 있다.

마련된 것이라고 할 수 있을 것이다.

　현재의 발음 교육에 대한 접근 방식은 청각구두식 교수법의 방식과 의사소통 중심 접근법의 방식이 결합되어 있다고 할 수 있다. 청각구두식 교수법의 주된 교육 방법이던 최소대립쌍을 이용하여 목표어의 자음과 모음을 연습하는 것은 여전히 발음 수업에서 이용하고 있는 방식이지만 단순히 반복적으로 듣고 따라하기보다는 좀 더 유의미한 맥락 속에서 상호작용적인 활동으로 바뀌어 이루어지고 있다. 또한 모국어 화자와 같은 수준의 정확성을 발음 교육의 목표로 삼지 않고 의사소통에서의 이해명료성에 초점을 둠으로써 자음과 모음이 아닌 강세나 억양 등 초분절적인 요소가 발음 교육에서 더 중요한 교육 내용이 되었다. Grant et al(2014:6)에서는 이러한 현재의 발음 교육에 대한 접근 방식을 전통적인 청각구두식 교수법에서의 발음 교육 방식과 비교하여 표로 제시하였다.

[표 1.1] 발음교육에 대한 전통적인 접근 방식과 현재의 접근 방식 비교

	전통적인 접근 방식	현재의 접근 방식
발음 교육의 목표	완전한, 모국어 화자와 같은 발음	충분한 이해명료성
발음 교육의 요소	모든 분절음(자음과 모음)	필요와 상황에 기초하여 선택된 분절음과 초분절음(강세, 리듬, 억양)
발음 연습의 형식	탈맥락화된 반복 연습	통제된 청각구두 반복연습, 유사의사소통, 의사소통 형식에서의 연습
교사의 언어 배경	모국어 교사	모국어 교사 유창한 비모국어 교사
발음의 기준	모국어 화자	청자, 대화 상황, 대화 목적에 따른 다양한 기준
교육과정의 선택	다른 교육과정으로부터 독립된 과정	독립된 과정이거나 말하기, 듣기 등의 언어기술이나 다른 내용과 통합된 교육과정

위의 표를 통해 현재의 의사소통 중심의 교수법에서 발음 교육에 대한 접근 방식이 어떻게 이루어지고 있는지를 확인할 수 있다. 그러나 위에 제시된 내용은 주로 영어 교육의 관점에서 이루어진 것이므로 한국어 발음 교육에 그대로 적용하기는 어려운 부분도 있다. 특히 교사의 언어 배경, 발음의 기준 등은 서로 모국어가 다른 사람들 사이에서 의사소통의 도구로 영어를 사용하는 경우까지 고려한 것이므로 우리의 상황과는 좀 동떨어진 부분이 있다.

3. 모국어 화자와 같은 발음과 이해명료성

그렇다면 한국어 발음 교육의 목표는 어떻게 설정하는 것이 좋을까. 위에서 잠깐 언급했듯이 영어 교육에서 발음 교육의 목표는 영어 모국어 화자와 같은 발음(native-like pronunciation)에서 이해명료성(intelligibility)으로 변해 왔다. 여기서 모국어 화자와 같은 발음이라는 것은 외국인 말투(foreign accent)와 대척점에 있다고 할 수 있다. 즉 외국인 말투를 없애는 것과 모국어 화자처럼 말하는 것은 동일한 의미이다. 그러나 이해명료성과 외국인 말투는 서로 무관한 것은 아니지만 대척점에 서 있는 개념은 아니다. 즉 외국인 말투가 여전히 남아 있음에도 불구하고 이해명료성이 충분히 확보될 수 있는 것이다.

그러나 이러한 두 가지 발음 목표 즉 '모국어 화자와 같은 발음'과 '이해명료성'이라는 목표 가운데 한국어 발음 교육에서도 '모국어 화자와 같은 발음'이라는 목표를 지양하고 '이해명료성'을 발음 교육의 목표로 삼아야 한다고 주장하는 것은 좀 조심스러운 측면이 있다. 왜냐하면 '이해명료성'이라는 발음 교육의 목표가 영어 교육의 특수한 상황을 배경으로 하고 있는 면이 존재하기 때문이다. 우선 영어에서 '모국어 화자와 같은 발음'이라고 할 때 과연 모국어 발음 혹은 표준이 될 수 있는 영어 발음이 무엇인가 하는 문제가 생긴다. 즉 영국 영어, 미국 영어, 호주 영어 등 다양한 모국어가 기준이 될 수 있으므로 처음부터 모국어의 다양성을 인정할 수밖에 없는 것이 영어 교육의 상황이다. 그러나 한국어의 경우는 영어와 상황이 다르다. 우리는 모국어 화자와 같은 발음이라고 할 때 단일한 기준으로 삼을 수 있는 한국어 표준 발음이 존재한다.

또 한 가지 영어 교육의 특수한 상황이라고 하는 것은 영어로 대화를 나누는 두 사람이 모두 영어 모국어 화자가 아닐 가능성이, 두 사람 가운데 한 사람이 영어 모국어 화자일 경우와 비교했을 때 상당히 높다는 것이다. 즉 영어가 모국어가 아닌 사람들 사이에서 의사소통의 도구로 영어를 사용하는 경우가 상당히 높다는 것이다. 이러한 상황을 고려하면 영어 교육에서 발음 교육의 목표를 '이해명료성'에 둘 수밖에 없음을 이해할 수 있다. 그러나 현재의 한국어 교육에서는 한국어가 모국어가 아닌 화자 둘이 한국어로 의사소통을 하는 상황보다는 한국어가 모국어인 화자와 모국어가 아닌 화자가 한국어로 의사소통하는 상황이 훨씬 많을 것임을 고려한다면 '이해명료성'만을 한국어 발음 교육의 목표로 정하자고 주장하기가 그리 간단하지만은 않다.

결국 한국어 발음 교육에서는 '모국어 화자와 같은 발음'이라는 목표와 '이해명료성'이라는 목표를 둘 다 염두에 두고 발음 교육이 이루어져야 할 필요가 있다. 다만 이 두 가지 목표 가운데 '이해명료성'이라는 목표에 우선 순위를 두어야 하는 것은 분명하다. 사실 한국어 교사들은 소수의 특별한 학습자를 제외한다면 외국인 학습자가 '모국어 화자와 같은 발음'을 습득하는 것이 쉽지 않음을 경험적으로 알고 있다. 발음 수업을 통해 이러한 목표를 달성하는 것은 거의 불가능에 가깝다고 할 수 있을 것이다. 그러나 '이해명료성'은 다르다. 잘 계획되고 준비된 발음 수업을 통해 '이해명료성'은 충분히 향상시킬 수 있다.

발음 교육 내용의 우선순위를 정할 때에도 '이해명료성'이라는 목표는 매우 유용한 기준이 될 수 있다. 한국어 교사가, 자신이 가르치고 있는 학습자가 가진 한국어 발음의 문제를 확인하기 위해 준비된 텍스트를 읽게 한 뒤 그 녹음된 발음에 어떤 오류가 있는지 진단하는 과정을 가정해 보자. 한국어 교사가 자신의 발음을 기준으로 학습자의 발음에서 오류를 찾는다면 우리는 자연스럽게 한국어를 모국어로 하는 사람과 같은 발음을 기준으로 삼은 것이라고 할 수 있다. 그러나 그 오류 가운데 어떤 것은 의사소통에 직접적인 방해가 되는 것도 있고 어떤 것은 단지 외국인 말투에 불과할 뿐 '이해명료성'을 해치지 않는 오류일 수 있다. 즉 '이해명료성'을 기준으로 학습자의 발음 오류를 찾는다면 외국인 학습자에게 우선적으로 발음 교육이 필요한 내용이 무엇인지 정할 수 있게 된다.

'모국어 화자와 같은 발음'이라는 발음 교육의 목표도 우리가 모국어 화자와 같은 정확성을 요구하는 엄격한 기준으로 받아들이지 않을 수 있다. 단지 외국인 말투가 너무 강하게 드러나지 않는 '자연스러운 발음'으로 수정하여 발음 교육의 목표로 삼을 수도 있을 것이다.

정리하자면 현재의 영어 발음 교육에서는 '모국어 화자와 동일한 발음'이 아닌 '이해명료성'을 발음 교육의 목표로 삼고 있으나 이는 영어 교육의 특수한 상황이 반영된 것이라고 할 수 있다. 한국어 발음 교육에서는 발음 수업을 통해 향상 가능성이 높은 '이해명료성'에 발음 교육의 우선순위를 두되 '자연스러운 발음'이라는 발음 교육의 목표도 늘 염두에 두고 발음 교육을 구성할 필요가 있다.

4. 발음 교육의 내용

이제 우리는 무엇을 가르칠 것인가 즉 발음 교육의 내용에 대해 생각해 볼 차례가 되었다. 여기에서는 발음 교육의 내용을 다음과 같이 크게 네 가지로 나누어 살펴보도록 한다.

① 한국어 모음과 자음

한국어의 말소리 가운데에는 외국인 학습자의 모국어와 동일한 발음도 있고, 전혀 새로운 것도 있다. 또 어떤 경우는 외국인 학습자가 자신의 모국어와 같은 발음으로 들려서 그대로 발음했는데 한국어 모국어 화자에게는 다른 발음으로 들리는 경우도 있다. 다음 단어의 발음을 알파벳으로 적을 때 한국어 모국어 화자와 영어, 중국어, 일본어 모국어 화자가 어떻게 적을지 생각해 보자.(물론 이 경우의 한국어 모국어 화자는 한국어 음운론이나 음성학을 전문적으로 공부한 사람이 아닌 경우이다.)

바보 [   ]

한국 사람은 거의 모든 사람이 [babo]라고 적을 것이다. 그럼 영어, 중국어, 일본어의 모국어 화자는 어떻게 적을까? 그들은 모두 [pabo]라고 적을 것이다. 이것은 한국어가 모국어인 화자는 '바보'의 두 'ㅂ'을 같은

소리로 인식하지만 다른 언어의 모국어 화자는 '바보'의 두 'ㅂ'을 서로
다른 소리로 인식한다는 것을 보여 준다. 이처럼 각 언어에서 의사소통
에 사용되는 말소리는 동일하지 않다. 따라서 한국어에서 의미 변별에
관여하는 분절음의 목록을 제시하고, 각 음운을 제 음가대로 발음할 수
있는 방법을 교육해야 한다.

② 음절

자음과 모음의 발음이 하나의 음절을 구성하는 방식은 언어마다 차
이가 있다. 'milk'라는 영어 단어를 생각해 보자.

> milk(영어), 밀크(한국어), ミルク(일본어)

이 단어는 영어에서는 1음절이지만 한국어 모어 화자는 2음절로 받
아들이고 표기도 '밀크'와 같이 2음절로 한다. 일본어 모어 화자는 3음
절로 받아들이고 'ミルク(miruku)'와 같이 3음절로 적는다. 이것은 개별
말소리가 결합되어 이루어진 음절의 구조가 각 언어마다 다르다는 것
을 보여 준다.

한국어의 자음은 음절의 구조에서 초성의 자리와 종성의 자리에 올
수 있는데, 종성의 자리에 오는 경우, 그 위치에서 발음될 수 있는 자음
의 수가 한정되어 있으며 발음의 성격도 다른 언어와는 다르다. 또한
한국어는 음절의 구조에서 초성, 중성, 종성이 대등하게 연결되는 구조
를 가지고 있지만 다른 언어의 경우는 중성과 종성의 관계가 더 긴밀한
모습을 보여주는 경우도 있다. 일반적으로 한국어와 영어의 음절구조는
다음과 같이 표시한다.

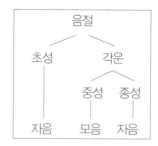

[그림 1.1.] 한국어와 영어의 음절 구조

　이러한 음절 구조의 차이는 중성과 종성의 연결에서 차이를 가져오게 되고 이것이 한국어 발음 습득에 영향을 미치게 된다. 따라서 한국어 발음 교육의 내용으로 음절도 포함시킬 필요가 있다. 한국어와 모국어의 분절음이 차이를 보여 한국어 발음의 습득이 어려운 경우도 있지만, 음절 구조의 차이로 말미암아 발음의 습득이 어려운 경우도 있기 때문이다.

③ 한국어 음운변동

　다음 각각의 말소리가 함께 어울릴 때 어떻게 발음되는지 생각해 보자.

　　밥[밥] + 만[만] → 밥만[　　　]
　　집[집] + 만[만] → 집만[　　　]

　'밥'은 [밥]이라고 발음하고 '만'은 [만]이라고 발음한다. 그런데 한국어 모어 화자는 '밥만'을 [밤만]으로 발음한다. 두 음절이 만났을 때 발음에 변동이 생긴 것이다. '밥' 대신 '집'을 '만'과 함께 발음하면 어떻게 될까? 역시 '집'의 'ㅂ'이 'ㅁ'으로 그 소리가 바뀌어 [짐만]이 된다. 받침에 'ㅂ'

소리를 가진 다른 단어를 찾아서 '만'과 같이 발음하더라도 마찬가지다. 발음의 변동은 아무렇게나 일어나는 것이 아니라 규칙성을 띠고 있는 것이다. 그런데 이러한 발음의 변동이 모든 언어에 나타나는 것은 아니다. 영어의 'topmost'라는 단어도 지금 살펴본 '밥만, 집만'과 유사하게 'p'와 'm'이라는 분절음이 연결되어 있지만 이 때 앞의 'p' 발음을 'm'으로 바꾸어 발음하지는 않는다. 그렇다면 처음 한국어를 배우는 영어권 학습자는 '밥만'이라는 발음을 표기대로 읽을 가능성이 높을 것이다.

한국어에는 이러한 음운변동 현상이 꽤 다양하게 일어나는 편이므로 이것을 가르치지 않으면 자연스러운 한국어 발음을 습득하기 어렵다. 따라서 한국어의 음운변동 현상도 한국어 발음 교육의 내용에 포함되어야 한다.

④ 한국어 억양

마지막으로 고려해야 할 발음 교육의 내용으로 억양을 들 수 있다. '밥 먹어'라는 발화는 발화에 얹히는 억양이 어떻게 실현되느냐에 따라 평서문이 될 수도 있고 의문문이 될 수도 있으며 명령문이 될 수도 있다. 또한 단순히 평서문, 의문문, 명령문이라는 문장 종결법만 실현되는 것이 아니라 화자의 감정이나 태도가 억양을 통해 드러날 수 있다.

앞서 살펴본 것처럼 '이해명료성'이라는 발음 교육의 목표는 자음, 모음과 같은 분절음보다 강세, 억양과 같은 초분절음의 교육에 더 초점을 맞추고 있다. 영어에서는 강세나 억양이 '이해명료성'의 확보에 더 큰 비중을 차지하고 있지만 한국어에서는 자연스러운 억양으로 이루어지는 발화가 '이해명료성'과 '모국어 화자와 같은 발음'이라는 두 가지 목표에 모두 관련성을 가지고 있을 가능성이 크다는 점을 고려하면 한국어 억양 또한 발음 교육의 내용에 반드시 포함되어야 할 것이다.

제2장

한국어 발음 수업의 구성

1. 발음 교육의 출발 - 발음 진단

발음 교육을 시작하기 위해서는 우선 학습자가 가지고 있는 한국어 발음의 문제가 무엇인지부터 파악해야 한다. 발음의 진단은 교실 수업 중에 대화 본문을 읽거나 말하기 활동을 하고 있는 학습자의 발음에 귀를 기울임으로써 이루어질 수 있다. 또한 학습자에게 정해진 텍스트를 읽게 하고 그것을 녹음한 뒤 교사가 그 녹음된 발음을 듣고 학습자가 가진 발음의 문제점을 진단할 수도 있다. 그러나 이러한 방법으로는 학습자의 발음에 대한 전반적이고 체계적인 진단이 쉽지 않다. 수업 중에 수시로 이루어지는 발음에 대한 진단이나 평가는 일회적이며, 텍스트 낭독의 녹음을 통한 발음의 진단도 학습자의 발음 상태를 전반적으로 보여주기에는 한계가 있다. 가능하다면 체계적으로 구성된 발음진단지를 통해 우리가 앞서 음운 교육의 내용으로 다루었던 한국어의 음운, 음절, 음운변동 등 학습자의 발음 전반에 대해 진단할 필요가 있다.

학습자의 발음 진단과 관련된 논의는 거의 찾아보기 힘들다. 김은애(2006), 박은현(2011) 등이 있을 뿐이다. 한국어 학습자의 발음 진단을 위한 진단지의 예시는 서울대 언어교육원(2009)에서 볼 수 있다. 서울대 언어교육원의 발음진단지 가운데 초급 학생용 진단지에 포함된 단어와 문장을 보이면 다음과 같다.[2)]

[표 2.1] 서울대 언어교육원(2009)의 초급용 발음진단지 단어와 문장

1.	2.	3.
① 거기 모기 부모 고기 머리 오이 메아리 매미	① 바다 대학 감기 사고 시간 자기 금	① 한국어 영어 학생 학기 입국 입맛 작년 운동화
② 이야기 여기 요리 유리 야구 겨우 교수 휴가	② 빨리 바빠요 또 어때요 까매요 어깨 싸요 날씨 찌개 이쪽	② 등록 음료수 신랑 설날 같이 붙여요 좋아요 싫어요
③ 바위 왜 의자 더워요 나와요 외워요	③ 파리 소포 타요 교통 치마 우체국 코 조카	③ 사진을 찍을 때는 웃으세요. 오늘은 일요일이에요. 못 오면 전화해.
④ 우유가 차가워요.	④ 거리 바로 무료 길 주말 열 빨리 몰라요 걸려요	
⑤ '여유'가 뭐예요?	⑤ 하나 혼자 향기 화요일 시험 전화 영화 결혼	④ 밥만 먹지 말고 반찬도 같이 먹어야지.
⑥ 왜 교과서를 외워요?	⑥ 밥 곧 밭 옷 빚 꽃 책 부엌	⑤ 눈을 감고 이 음료수를 마셔 보세요.
⑦ 이야기가 너무 어려워요.	⑦ 담배 순두부 구경 침대 감기 준비 친구 공부 명동	⑥ 어떻게 연락하면 되지요?
⑧ 귀 위에서 모기가 윙윙거려요.	⑧ 너무 바쁘고 피곤해요.	⑦ 강남 역 근처는 너무 길이 막혀서 싫어요.
	⑨ 버스를 또 타야 돼요?	⑧
	⑩ 사과가 싸서 많이 샀어요.	⑨ 일 년 동안 비빔밥만 먹었어요.
	⑪ 이 김치찌개 진짜 맛있어요.	⑩ 날씨가 좋아서 사진이 아주 잘 나올 거 같아요.
	⑫ 키 크고 까만 바지 입은 분이 누구예요?	⑪ 밥도 못 먹고 잠도 못 자고 열심히 공부했어요.

위의 발음진단지는 초급 학생용 발음진단지이다. 진단하고자 하는 발음의 출현 환경을 고려하여 모음, 자음, 음운변동 별로 발음 진단을 위한 단어와 문장이 제시되어 있다. 그런데 이 발음진단지는 한국어 학습자의 한국어 발화 지각(perception) 능력보다 발화 산출(production) 능력을 진단하는 데 초점이 맞춰져 있다. 즉 주어진 진단지의 단어나 문장을

---

2) 발음진단지의 형식보다는 내용을 중심으로 살펴보기 위해 표로 재구성하여 제시하였다.

한국어 학습자가 발음하면 그 발음을 직접 듣거나 녹음하여 교사가 듣고 발음의 오류를 진단하고 그에 따른 교육을 실시하는 과정을 밟게 되는 것이다. 학습자의 발음 지각 능력에 대한 진단은 별도로 이루어지지 않고 있는 셈이다.

그러나 외국어로서의 영어 발음 교육의 경우 발화 산출 능력보다 발화 지각 능력에 더 큰 비중을 두고 발음 진단이 이루어지고 있다.[3] 학습자의 한국어 발음 능력을 좀 더 정확하게 진단하고 그 진단을 바탕으로 하여 발음 교육이 이루어지기 위해서는 한국어 학습자의 한국어 발음 지각과 관련된 진단도 아울러 이루어져야 할 것이다. 한국어 발음 지각 능력을 진단하기 위한 진단지의 예시는 다음과 같다.[4]

[표 2.2] 최소대립쌍을 이용한 발화 지각 능력 진단지의 예시

〈모음〉	〈자음〉
• 다음 문장을 듣고 같은 것을 고르십시오.	• 다음 문장을 듣고 같은 것을 고르십시오.
1) 촛불을 (보세요, 부세요).	1) 선물을 (사요, 싸요).
2) (커피를, 코피를) 흘렸어요.	2) (방, 빵)이 커서 좋네요.
3) (이가, 위가) 아파요.	3) (팔, 발)을 다쳤어요.
4) (고기가, 거기가) 어땠어요?	4) 마음이 (변했어요, 편했어요).
5) (우리만, 오리만) 남았어요.	5) (딸, 달)이 참 예쁘네요.
6) (흠이, 힘이) 있어요.	6) 거기 (서요, 써요).
7) (승인만, 성인만) 남았어요.	7) (콩, 공)을 던졌어요.
8) (굴을, 귤을) 먹어요.	8) (그림, 크림)을 샀어요.
9) (벌을, 별을) 봤어요.	9) 전 (개, 깨)를 좋아하지 않아요.
10) (향이, 형이) 좋아요.	10) 이 책을 (읽고, 잃고) 싶지 않아요.
	11) (자, 차) 있으면 좀 빌려 주세요.
	12) 이 빵은 (싸요, 짜요).
	13) (의사, 의자)가 어디에 있어요?
	14) (사람, 사랑)보다 중요한 건 없어요.
	15) 이건 (잊지, 입지) 마세요.
	16) 창문을 (닦지, 닫지) 마세요.

---

3) 영어 교육에서 이루어지는 발음 진단에 대해서는 Gilbert, J. B(2012)를 참고할 수 있다.
4) 이 지각 능력 진단용 발음진단지는 하나의 예시로 작성해 본 것이다.

[표 2.2]는 한국어 모음과 자음의 최소대립쌍이 포함된 문장을 제시하여 모음과 자음 음소의 지각 변별 능력을 진단할 수 있도록 고안되었다. 발화 산출 능력에 대한 진단도 위의 [표 2.1]에서 보듯이 자모 발음의 진단, 음운 변동의 진단 등으로 나누어 할 수도 있지만 대화 형식으로 이루어진 진단지를 통해 종합적으로 확인하는 방법도 고려할 수 있을 것이다. 발화 산출 능력에 대한 종합적인 확인 방식이 새로운 것은 아니다. 한국어 교육 기관에서 교육과정에 따라 각 급별로 이루어지는 발음 진단은 주로 사용하고 있는 교재의 본문이나 대화를 발음 진단의 도구로 활용하는 경우가 많기 때문이다.

아래에 제시한 발화 산출 능력 진단지는 한국 생활에 대한 대화 형식으로 이루어진 것으로, 주로 평음, 경음, 격음의 구별과 한국어의 다양한 음운변동에 대한 산출 및 억양을 확인할 수 있도록 구성되었다.

가: 한국에 온 지 얼마나 됐어요?
나: 이제 육 개월쯤 됐어요.
가: 한국 생활이 어때요?
나: 처음에는 좀 힘들었는데 지금은 많이 익숙해졌어요.
가: 처음에 뭐가 제일 힘들었어요?
나: 한국말을 몰라서 식당에서 주문하는 게 제일 힘들었어요. 한국 음식도 잘 몰라서
　　메뉴에 영어나 사진이 없으면 정말 답답했어요.
가: 정말 힘들었겠어요. 이제 한국 음식을 많이 먹어 봤어요? 어때요?
나: 정말 맛있어요. 한국음식은 조금 맵지만 계속 생각나는 맛이에요.
　　다음에 꼭 한국 음식을 배워서 고향에 가면 가족들에게 해줄 거예요.
가: 그럼 이번 주말에 제가 좀 가르쳐 줄까요?
나: 아쉽지만 시간이 없어요. 주말에는 아르바이트를 해야 되거든요.
가: 아르바이트를 시작했어요?
나: 네. 등록금이 좀 비싸서 커피숍에서 아르바이트를 하기로 했어요.

가: 그렇군요. 공부도 하고, 일도 하려면 바쁘겠어요.

나: 바쁘지만 한국어 연습도 할 수 있고 <u>음료수</u> 만드는 것도 즐거워요.

가: 우와, 음료수도 직접 만들어요?

나: 네, 그런데 음료수 <u>종류</u>가 많고 제 <u>기억력</u>이 나빠서 아직 다 외우지는 못 했어요.

가: 다음에 꼭 갈게요. 제가 좋아하는 카페라떼랑 카페모카를 만들어 주세요.

나: 열심히 <u>연습할게</u>요. 그런데 미나 씨, 혹시 설날에 시간 있어요?

가: 네, 왜요?

나: <u>같이</u> 바다에 가서 <u>해돋이</u> 보면서 소원을 비는 게 어때요?

가: 좋은 생각이에요. 그런데 꾸잉 씨의 소원이 뭔데요?

나: <u>한국</u> 회사에 <u>취직하</u>는 게 제 소원이에요.

가: 그럼 저도 꾸잉 씨 소원이 이루어지길 빌래요. 같이 가요!

음운변동을 적용한 발화 산출이 제대로 이루어지는지는 밑줄 친 부분의 발화를 통해 확인할 수 있으며, 모음과 자음, 억양 등은 대화문 전체를 통해 확인할 수 있게 고안되었다.

이처럼 발음 교육의 출발점이라고 할 수 있는 발음 진단은 학습자의 지각 능력과 산출 능력을 균형 있게 파악할 수 있는 발음 진단지의 구성과 개발을 통해서 좀 더 효율적으로 이루어질 수 있을 것이다.

2. 발음 수업의 단계

학습자의 발음 진단을 통해 교육해야 할 내용이 정해지면 구체적인 발음 교육에 들어가게 된다. 발음 교육은 대체로 다음과 같은 단계에 따라 이루어지게 된다.

도입 → 제시 → 연습 → 활용 → 마무리

각 단계별로 어떤 발음 교육 활동이 이루어질 수 있는지 살펴보도록 하자.

도입

발음 교육은 실제 한국어 수업을 할 때 집중적으로 학습할 시간이 부족한 경우가 많다. 제한된 시간 내에서 효과적인 수업을 구성하는 것이 중요하다. 발음 수업도 다른 기능 수업과 마찬가지로 '도입→제시→연습→활용→마무리' 단계로 구성한다. 도입 단계는 학습자들의 관심과 호기심을 이끌어내는 것이 중요하다. 도입에서의 활동은 단순한 설명으로 이해할 수 있는 것이어야 하고, 사용하는 음절이나 단어의 길이가 길지 않아야 한다. 또한 학습자 간에 활동의 결과(정답)를 즉시 확인할 수 있는 것이 좋고, 그 과정에서 학습 주제 및 목표가 자연스럽게 노출되는 것이 좋다. 학습자들이 추측한 목표를 명확하게 짚어 주면서 도입 단계를 마무리하고 자연스럽게 제시 단계로 이어지는 것이 좋다.

도입 단계에서는 다양한 지각 활동을 활용할 수 있는데, 지각 활동을 통해 학습자의 관심을 짧은 시간 안에 끌 수 있고, 올바른 산출의 욕구를 불러일으킬 수 있다.

도입 단계에서 활용할 수 있는 지각 활동의 예로는 다음과 같은 것이 있다.

가. 두 소리를 듣고 같은 소리인지, 다른 소리인지 맞히기

예) 평음. 경음. 격음
* 두 가지 소리를 듣고 같으면 손가락으로 O, 다르면 X를 만들게 한다.
  고-코 그-그 꼬-코 거-꺼 카-카 과-꾀

나. 소리를 듣고 어떤 음운이 포함되어 있는지 찾기

예) 모음 'ㅗ'와 'ㅓ'
* 단어를 듣고 'ㅗ'가 포함되어 있으면 1(손가락 하나 펴기), 'ㅓ'가 있으면 2(손가락 두 개 펴기)를 표시하게 한다.
  코피   거기   커피   고기

다. 소리를 듣고 음절 완성하기

해당 발음 수업의 목표에 따라 초성, 중성, 종성 중 한 부분만 비워 두고 소리를 들려준 후 음절을 완성하게 한다. 해당 음운에만 집중하게 할 수 있다.

예) 종성 'ㄱ'과 'ㅇ'
* 듣고 종성을 받아 쓰게 한 후 옆의 친구와 같은지 비교해 보게 한다.

[공] 고	[각] 가	[곡] 고	[강] 가

라. 듣고 소리 나는 대로 쓰기

소리 나는 대로 써 보면 철자와 발음이 다르다는 것을 알게 된다. 이 때 학습자가 모르는 단어를 사용해도 좋다. 아는 단어는 철자대로 쓰는 습관이 있기 때문이다.

예) 평폐쇄음 뒤의 경음화
* 듣고 소리 나는 대로 써 보게 한다. 철자가 아니라 소리대로 쓰는 것임을 먼저 알려준다. 쓴 후에 옆의 친구와 같은지 비교해 보게 한다.
학교   학생   기숙사   악기   국적

마. 듣고 그림 고르기

예) 평음, 경음, 격음
* 단어를 듣고 해당되는 그림을 골라서 들게 한다. 단어의 의미를 학습한 수준의 학습자에게 적용할 수 있는 활동이다.
방-빵   달-딸   피자-비자   그림-크림   자-차   발-팔

제시

제시 단계는 정확하게 발음하는 방법을 설명하는 단계이다. 하나의 음운이나 억양을 가지고 설명을 할 수도 있고 학습자가 구별을 어려워하는 두 가지 혹은 그 이상을 함께 비교 설명할 수도 있다. 음소 교육은 제시 단계에서 다양한 방법과 도구를 사용해서 조음 방법을 설명한다. 조음 위치를 보여 주는 조음기관 단면도, 혀의 전후고저 위치를 보여 주는 모음사각도, 원순성을 보여 주는 입술 그림 등이 활용된다. 음운변동은 해당 음운변동이 발생하는 환경을 먼저 설명한 후 그 발음을 함께 제시해야 한다. 음운변동과 억양을 제시할 때에는 색깔, 도형, 곡선 등을 이용해서 시각적인 자료를 활용하는 경우가 많다.

제시 단계에서 활용할 수 있는 시각적인 자료들의 예는 다음과 같다.

가. 모음사각도

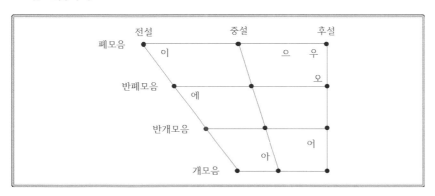

나. 모음의 입술 모양

다. 자음의 조음 위치

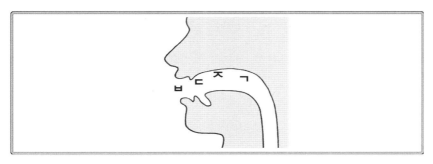

라. 종성 발음의 구별 제시

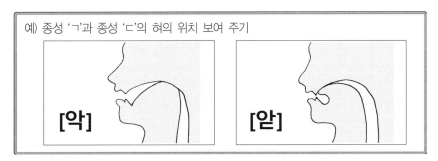

마. 평음, 경음, 격음의 구별 제시

바. 음운변동의 시각화

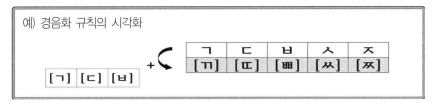

◼ 연습

 연습 단계는 제시 단계를 통해 학습한 발음 방법이나 음운 규칙을 실제로 연습해 보는 단계이다. 여러 단계 중 가장 많은 시간을 할애하게 된다. 두 소리를 듣고 변별하거나, 듣고 맞는 것을 찾는 등의 지각 연습과 듣고 따라 읽거나 음운 규칙에 맞게 읽는 등의 산출 연습을 하게 된다. 산출 연습의 단위는 음절, 단어, 문장, 대화로 확장시킨다. 또한 듣고 따라하는 통제된 연습부터 대화 단계의 유의미한 맥락에서의 연습까지 점차적으로 해 나가는 것이 좋다.

 연습 단계에서 활용할 수 있는 활동의 예로는 다음과 같은 것이 있다.

가. 모음 '오'와 '우'의 변별 연습

* 다음을 듣고 같은 소리를 고르세요.
 [오] 오/우   [우] 우/오   [도] 도/두   [무] 모/무   [호] 호/후   [수] 소/수

* 다음을 듣고 따라 읽으세요.
 오오오 우우우 오우오우 우오우오
 모모모 무무무 모무모무 무모무모

나. 평음, 경음, 격음의 최소대립쌍이 포함된 문장 연습

* 다음을 읽으세요.
 딸이 탈을 샀어요.
 풀에 불이 났어요.
 방에서 빵을 먹었어요.
 공과 콩은 동그래요.
 발레복을 빨래해야 돼요.

다. 받침의 발음이 포함된 문장 연습

* 다음 문장을 듣고 따라하세요.
  <u>학교</u>에 <u>책밖</u>에 없어요.
  <u>혼자</u> <u>심심</u>해서 <u>친구</u>에게 <u>문자</u> 보냈어요.
  <u>젓</u>가락이랑 <u>숟</u>가락 좀 주세요.
  <u>할</u>머니의 <u>팔</u>을 베고 <u>쿨쿨</u> 잤어요.
  <u>엄</u>마가 <u>감</u>기에 걸려서 마<u>음</u> 아파요.
  집 근처 서점에서 <u>엽서</u>와 <u>잡지</u>를 샀어요.
  <u>냉장고</u>에 <u>콩</u>과 <u>당근</u>이 있어요.

라. 'ㅎ축약'의 음운 변동 연습

* 다음을 듣고 따라하세요.
백화점	국화	각하	국회	낙하	막히다	
맏형	첫해	입학	곱하기	급행	잡화	집합
입히다	맞히다	젖히다	잊히다	앉히다		

마. 경음 발음이 포함된 대화 연습

* 다음 대화를 짝과 함께 읽으세요.
  가: <u>병아리</u>가 어떻게 울어요?
  나: '<u>삐약삐약</u>'하고 울어요.

  1) 병아리/삐약삐약   2) 참새/짹짹   3) 닭/꼬끼오
  4) 까마귀/까악까악   5) 돼지/꿀꿀   6) 오리/꽥꽥

■ 활용

활용 단계는 앞선 연습 단계에서 이루어진 유의미한 맥락에서의 연습을 더 자연스러운 의사소통 상황에서 할 수 있게 유도하는 단계이다. 전 단계에서는 목표 항목에 집중하도록 연습이 이루어졌기 때문에 비교적 정확한 산출을 기대할 수 있지만 활용 단계는 학습자들의 창의적이고 즉흥적인 발화를 통해 이루어지기 때문에 목표 항목에 대한 집중력을 잃게 되어 오류가 발생할 가능성이 높다. 그러한 오류를 스스로, 혹은 학습자 간 피드백을 통해 확인하고 수정해 나가면서 학습한 항목을 내재화시킬 수 있다. 또한 오늘의 목표 항목뿐 아니라 이전에 학습한 항목들이 내재화되었는지도 점검할 수 있다.

활용 단계의 활동으로는 역할극, 인터뷰, 드라마나 영화 내용 요약하여 말하기, 삽화를 보고 이야기 만들기, 더빙하기 등이 있다.

그런데 자연스러운 의사소통 상황에서의 정확한 발음 연습을 위해 활용 단계가 매우 유익한 것은 사실이지만, 발음이 초급 수준에서 간단하게 다루어지는 경우가 많아서 활용 단계를 생략하는 경우가 많다. 또한 발음 교육만을 위해 특별히 구성된 수업이 아니라 주로 통합 수업 내에서 발음 교육이 이루어지기 때문에 제한된 시간으로 인해 활용 단계가 생략되기도 한다.

■ 마무리

마무리 단계에서는 배운 발음 항목을 이해하고 맞게 발화할 수 있는지 확인하고, 질문을 받고, 학습자가 스스로 꾸준히 연습할 수 있도록 간단한 과제를 부여한다.

제3장 한국어 모음의 특징과 교육의 실제

1. 한국어 모음의 특징

한국어의 단모음

우리의 속담 가운데 '아 해 다르고 어 해 다르다.'라는 말이 있다. 속담의 의미는 '같은 내용의 이야기라도 이렇게 말하여 다르고 저렇게 말하여 다르다'는 것이지만, 속담의 원래 의미와 상관 없이 '아'와 '어'라는 발음의 차이는 정말 무엇일까?

다음 모음을 발음할 때 어떤 차이가 있는지 확인해 보자. 혼자 발음하면서 자신의 입술 모양을 확인하거나 다른 사람이 발음할 때 입술 모양에 어떤 차이가 있는지 살펴보자.

　　ㅏ, ㅓ, ㅗ, ㅜ, ㅡ, ㅣ, ㅔ, ㅐ
　　ㅑ, ㅕ, ㅛ, ㅠ, ㅖ, ㅝ, ㅘ, ㅚ, ㅟ

'ㅏ'는 발음을 하는 동안 입술 모양이나 혀의 위치가 바뀌지 않지만 'ㅑ'는 아주 천천히 발음하면 'ㅣ'와 'ㅏ'를 연달아 발음하는 것처럼 입술 모양과 혀의 위치가 바뀐다. 이처럼 모음을 발음하는 동안 입술 모양이

나 혀의 위치가 달라지지 않는 것을 단모음이라 하고 입술 모양이나 혀
의 위치가 달라지는 것을 이중모음이라 한다.

그러면 먼저 한국어의 단모음에 대해 살펴보도록 하자. 한국어의 표
준 발음법 규정에는 한국어의 단모음을 /ㅣ, ㅔ, ㅐ, ㅟ, ㅚ, ㅡ, ㅓ, ㅏ,
ㅜ, ㅗ/의 10개로 보고 있으나 서울, 경기도를 중심으로 한 중부 방언의
현실 발음에서 '위'와 '외'는 이중모음으로 발음되고 'ㅔ'와 'ㅐ'는 구별되
지 않는다. 그러므로 현대 중부 방언의 현실 발음을 기준으로 볼 때, 한
국어의 단모음에는 /ㅣ, ㅔ, ㅡ, ㅓ, ㅏ, ㅜ, ㅗ/의 7개가 있다고 할 수
있다.

단모음들은 혀의 앞뒤 위치, 혀의 높이, 입술 모양이라는 세 가지 기
준을 가지고 서로 간에 공통점과 차이점을 파악할 수 있다. 다음 모음
중 발음할 때 혀의 위치가 앞쪽에 있는 것과 뒤쪽에 있는 것이 어떤 것
인지 직접 발음을 해 보면서 찾아보자.

        ㅣ : ㅡ, ㅔ : ㅓ

'ㅣ'와 'ㅡ', 'ㅔ'와 'ㅓ'를 번갈아가면서 발음해 보면 혀가 앞뒤로 움직
이는 것을 느낄 수 있다. 'ㅣ'와 같이 혀의 위치가 앞쪽에 있는 모음을
전설모음이라 하고 'ㅡ'와 같이 혀의 위치가 뒤쪽인 모음을 후설모음이
라고 한다. 'ㅣ, ㅔ'는 전설모음이고 'ㅡ, ㅓ, ㅏ, ㅜ, ㅗ'는 후설모음이다.

전설모음	후설모음
ㅣ, ㅔ	ㅡ, ㅓ, ㅏ, ㅜ, ㅗ

'ㅡ, ㅓ, ㅏ'를 차례대로 반복하여 발음해 보자. 우선 'ㅡ, ㅓ, ㅏ'의 순

서대로 입이 점점 벌어짐을 느끼게 될 것이다. 입이 적게 벌어질수록 혀의 높이는 높고 입이 크게 벌어질수록 혀의 높이는 낮다. 혀의 높이가 높은 모음을 고모음, 혀의 높이가 중간인 모음을 중모음, 혀의 높이가 낮은 모음을 저모음이라고 한다. 'ㅣ, ㅡ, ㅜ'는 고모음이고, 'ㅔ, ㅓ, ㅗ'는 중모음, 'ㅏ'는 저모음이다.

	전설모음	후설모음
고모음	ㅣ	ㅡ, ㅜ
중모음	ㅔ	ㅓ, ㅗ
저모음		ㅏ

이번에는 'ㅡ'와 'ㅜ' 모음을 번갈아 발음해 보자. 'ㅡ'를 발음할 때보다 'ㅜ'를 발음할 때 입술 모양이 동그랗게 오므라드는 것을 확인할 수 있다. 'ㅜ, ㅗ'처럼 입술 모양이 동그랗게 모아지는 모음을 원순모음이라 하고 그렇지 않은 모음을 평순모음이라고 한다.

지금까지 살펴본 세 가지 기준 즉 혀의 앞뒤 위치, 혀의 높이, 입술 모양을 함께 모아서 제시하면 다음과 같이 된다.

[표 3.1] 한국어의 현실 모음 분류표

	전설모음	후설모음	
	평순모음	평순모음	원순모음
고모음	ㅣ	ㅡ	ㅜ
중모음	ㅔ	ㅓ	ㅗ
저모음		ㅏ	

위의 표를 바탕으로 보면 'ㅗ'와 'ㅜ'는 'ㅗ'와 'ㅣ'의 관계보다 더 가깝다고 할 수 있는데 그것은 발음할 때 입술을 동그랗게 오므리면서 발음

하고 혀의 앞뒤 위치도 비슷하기 때문이다. 'ㅗ'와 'ㅣ'는 앞에서 살펴본 세 기준에서 공통되는 것이 아무 것도 없으므로 그 관계가 가장 먼 소리들이라고 할 수 있을 것이다. 이처럼 혀의 앞뒤 위치, 혀의 높이, 입술 모양이라는 세 가지 기준으로 우리는 한국어 단모음의 공통점과 차이점을 확인할 수 있다. 이 절에서의 질문이 "아'와 '어'는 어떻게 다를까? 하는 것이었는데, 여기에 대한 대답은 다음과 같다.

'ㅏ'와 'ㅓ'는 후설모음, 평순모음이라는 점에서는 같지만 'ㅏ'는 저모음이고 'ㅓ'는 중모음으로 혀의 높이가 다르다.

📕 한국어의 이중모음

다음으로 한국어의 이중모음에 대해 살펴보도록 하자. 다음의 두 이중모음을 번갈아가며 발음해 보자. 발음하면서 입술이나 혀의 움직임을 확인해 보자.

ㅑ, ㅘ, ㅑ, ㅘ, ㅑ, ㅘ

'ㅑ'를 천천히 길게 발음해 보면 'ㅣ'를 발음하는 것과 같은 모습으로 시작하여 'ㅏ'를 발음하는 것과 같은 조음 상태로 끝난다. 'ㅘ'를 같은 방식으로 발음해 보면 'ㅗ'나 'ㅜ'를 발음하는 것처럼 입술을 오므리는 모습으로 시작하여 역시 'ㅏ' 발음으로 끝난다. 두 발음 모두 길게 발음하면 앞의 'ㅣ' 또는 'ㅗ, ㅜ'와 같은 발음은 사라지고 'ㅏ' 발음만 남는다. 즉 'ㅏ'발음 앞의 'ㅣ', 'ㅗ, ㅜ'와 같은 방식의 발음은 잠깐 발음된 뒤 사라진다. 이렇게 'ㅑ, ㅘ'를 발음할 때 앞에 잠깐 발음되고 사라지는 소리를 활음(滑音, glide)이라고 한다.

'ㅑ'에 포함되어 있는 활음은 /j/로 표시하고 'ㅘ'에 포함되어 있는 활음은 /w/로 표시한다. /j/로 시작하는 이중모음을 'j계(ㅣ계) 이중모음'이라 하고 /w/로 시작하는 이중모음을 'w계(ㅜ계) 이중모음'이라고 한다. 이를 표로 제시하면 다음과 같다.

| j계 이중모음 | ㅑ, ㅕ, ㅛ, ㅠ, (ㅖ, ㅒ), ㅢ |
| w계 이중모음 | ㅘ, ㅝ, (ㅞ, ㅙ, ㅚ), ㅟ |

j계 이중모음은 표기상으로는 'ㅑ, ㅕ, ㅛ, ㅠ, ㅖ, ㅒ, ㅢ'가 있지만 현실발음에서는 'ㅑ, ㅕ, ㅛ, ㅠ, ㅖ, ㅢ'만 존재한다. 'ㅖ'와 'ㅒ'가 발음상 구별이 되지 않고 모두 [je]로 발음되기 때문이다. 단모음에서 'ㅔ'와 'ㅐ'가 발음에서 구별이 되지 않으므로 'ㅖ'와 'ㅒ'도 구별이 되지 않는 것이다.

또 한 가지 언급할 필요가 있는 것은 이중모음 'ㅢ'이다. 다른 이중모음은 모두 활음이 앞에 있는 상향이중모음이지만 'ㅢ'는 활음이 단모음 뒤에 있는 하향이중모음이다. 그런데 이 'ㅢ'를 j계 하향이중모음으로 보지 않고 상향이중모음으로 보는 견해도 있다. 그러면 'ㅢ'는 j계 이중모음이 아니라 또 하나의 활음 'ɰ'를 설정하여 ɰ계(ㅡ계) 상향이중모음으로 분류하게 된다. 하지만 'ㅢ'가 상향이중모음인지 하향이중모음인지 하는 것이 한국어 이중모음의 교육에 어떤 차이를 가져오지는 않는 것으로 보인다.

w계 이중모음은 'ㅚ, ㅟ'까지 포함하면 표기상으로는 'ㅘ, ㅝ, ㅞ, ㅙ, ㅚ, ㅟ'가 있지만 현실발음에서는 'ㅘ, ㅝ, ㅞ, ㅟ'만 존재한다. 'ㅞ, ㅙ, ㅚ'가 발음상 구별이 되지 않고 동일하게 [we]로 발음되기 때문이다.

2. 한국어 음운론 지식의 한국어 모음 교육에의 적용

📕 모음 분류표와 모음사각도

한국어 음운론에서 한국어 모음을 제시할 때 위에서 보인 모음 분류표와 함께 모음사각도도 제시된다. 모음 분류표가 모음 사이의 관계를 보여 주는 것이라면, 모음사각도는 실제 모음의 음가를 보여주는 것이다. 이에 대해 좀 더 자세히 살펴보면서 이것이 한국어 모음 교육에 어떤 관련성을 갖는지를 살펴보고자 한다.[5]

[표 3.2] 한국어의 표준 모음 분류표

	전설모음		후설모음	
	평순	원순	평순	원순
고모음	ㅣ	ㅟ	ㅡ	ㅜ
중모음	ㅔ	ㅚ	ㅓ	ㅗ
저모음	ㅐ		ㅏ	

위에 제시한 모음 분류표는 우리가 앞서 설명한 모음의 분류 기준에 따라 한국어 모음을 분류해 놓은 것이다. 그런데 이 분류표는 실제 모음의 음가와는 차이를 보인다. 이러한 차이가 존재하는 것은 '애'와 '아'를 실제로 발음해 보면 금방 확인할 수 있다. 위의 모음 분류표에는 'ㅐ'와 'ㅏ'가 동일한 저모음으로 분류되어 있으나 실제 발음을 해 보면 'ㅐ'를 발음할 때보다 'ㅏ'를 발음할 때 입을 더 많이 벌려서 발음하게 된다.

---

5) 여기서는 설명의 편의를 위해 7개의 현실 모음이 아닌 10개의 표준 모음을 기준으로 서술하고자 한다.

그렇다면 위의 분류표에서 이 두 모음을 동일하게 저모음으로 분류한 이유는 무엇일까. 그것은 두 모음이 한국어의 어떤 말소리 현상에서 서로 관계를 맺고 있기 때문이다. 그 관계를 확인할 수 있는 것이 움라우트라는 음운현상이다. 우리는 '아비, 어미'를 '애비, 에미'라고 발음하는 것을 종종 들을 수 있는데 이러한 현상을 움라우트라고 부른다. 이 움라우트 현상은 'ㅏ, ㅓ'라는 후설모음이 뒤에 있는 음절이 가진 모음 'ㅣ'의 영향을 받아 'ㅐ, ㅔ'의 전설모음으로 바뀌어 발음되는 현상이다. 이 현상에서 'ㅏ'와 'ㅐ', 'ㅓ'와 'ㅔ'라는 모음이 후설모음과 전설모음으로 대응이 됨을 알 수 있다. 결국 위의 모음 분류표는 실제 모음의 음가를 나타내고 있다기보다는 위에서 예로 든 움라우트라는 현상에서 보듯이 모음 간의 관계를 더 잘 보여 주고 있음을 알 수 있다.

한국어 모음의 실제 음가는 아래와 같은 모음사각도에 반영되어 있다.

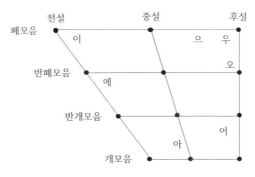

[그림 3.1] 한국어의 모음사각도

이 모음사각도와 위에서 제시한 모음 분류표를 보면 실제 발음의 차이를 확인할 수 있다. '어'와 '오'는 모음 분류표에 같은 중모음으로 분류되었지만 실제 발음으로는 '어'는 '오'보다 혀의 높이가 더 낮다. '오'와

'우'는 혀의 높이의 차이가 있기는 하지만 '이'와 '에'의 차이만큼 큰 간격
을 보여 주지는 않는다. '이'와 '에'는 모두 전설이지만 '에'가 좀 더 후설
쪽으로 들어와 있음도 확인할 수 있다.

　거의 대부분의 한국어 교재가 한국어 모음의 발음을 설명하기 위해
모음사각도를 제시해 주고 있다. 모음사각도를 제시한 것은 분명히 한
국어 음운론의 지식이 교재를 통해 반영된 경우라고 할 수 있다. 그러
나 모음사각도가 갖는 음성학적인 의미를 충분히 고려하여 제시된 것
으로 보이지는 않는다. 송기중(2006)에서는 한국어 음운론에서 모음사각
도를 무비판적으로 수용한 것에 대한 비판적인 검토가 이루어졌는데
그 결론 부분에 기술한 다음과 같은 언급에 주목할 필요가 있다.

> 　IPA의 기준모음도는 특히 우리나라 학자들에 의하여 모든 언어의 모음체계
> 를 관찰하는 '절대적인 틀'로 인정되어 왔다. 이 모음도는 주로 영어 모음의 관
> 찰 결과를 토대로 제작된 것으로 영어와 같이 혀의 '고저'와 '전후'가 기본적인
> 변별 자질인 언어의 모음체계에는 적절하지만 국어와 같이 '원순성'에 의한 변
> 별이 훨씬 뚜렷한 언어들의 모음체계를 설명하는 데에는 부적절하다(송기중,
> 2006:108).

　위의 언급은 모음사각도만을 통해 한국어 모음의 음가를 제시할 때
원순성에 의한 대립을 보이는 '어'와 '오', '으'와 '우'의 차이를 충분히 보
여줄 수 없다는 의미가 될 것이다. 일부 한국어 교재 가운데는 모음사
각도를 제시하면서 '오'와 '우'에 대해서는 입술 모양을 따로 그려 원순
성을 추가로 보여 주는 방식을 취함으로써 모음사각도가 가지는 문제
점을 해결하는 경우도 있다.

■ 모음의 제시 방식

초급 학습자에게 한국어의 모음을 제시하는 방식은 교재를 통해 확인할 수 있다. 한재영 외(2003), 박기영(2007), 김서형 외(2016)에서는 한국어 교육 기관에서 주로 사용하는 교재의 검토를 통해 한글 자모의 제시가 통일되어 있지 않고 교재별로 다양하게 이루어지고 있음을 보여주었다. 박기영(2007:473)에서는 여러 교재에서 보여 주는 모음 제시 방법을 다음과 같이 크게 두 부류로 나누어 제시하였다.

> ① 단모음의 제시 → 이중모음의 제시(ㅣ계 이중모음, ㅜ계 이중모음)
>   예) ㅏ, ㅓ, ㅗ, ㅜ, ㅡ, ㅣ, ㅐ, ㅔ / ㅑ, ㅕ, ㅛ, ㅠ, ㅒ, ㅖ / ……
> ② 기본 모음자(基本 母音字)의 제시 → 가획 모음자(加劃 母音字)의 제시
>   예) ㅏ, ㅑ, ㅓ, ㅕ, ㅗ, ㅛ, ㅜ, ㅠ, ㅡ, ㅣ / ㅐ, ㅒ, ㅔ, ㅖ, ㅘ, ㅙ ……

①이 음소 중심의 배열 방식이라면 ②는 자소(字素) 중심의 배열 방식이라 할 수 있을 것이다. 그러나 ①과 같은 제시 방식을 취한 경우라도 단모음의 제시가 특별히 혀의 위치나 높이, 입술 모양을 고려하여 이루어지지는 않으며 전통적인 한글 자모 순서에 따라 'ㅏ, ㅓ, ㅗ, ㅜ, ㅡ, ㅣ'의 순서로 제시되고 있다. 이러한 모음 제시 방식은 한국어 교재들이 자소(字素) 중심의 모음 제시를 상위 기준으로 하고 모음 음가 중심의 모음 제시를 하위 기준으로 하고 있음을 보여 주는 것이라고 할 수 있을 것이다(박기영, 2007:474).

한글 자모와 그 음가를 어떤 방식으로 제시하는 것이 효과적인가 하는 문제는 이론적인 연구만으로는 결론을 내리기 쉽지 않다. 어쩌면 제시 방식 자체는 한국어 발음 교육 측면에서도 그렇게 큰 의의를 지니는

논의 대상이 아닐 수도 있다. 그러나 한 가지 지적해야 할 사실은, 위의 ②가 보여주는 제시 방식은 전통적인 한글 자모 학습 방식이 외국어로서 혹은 제2 언어로서의 한국어 교육이 갖는 특수성을 고려하지 않은 채 그대로 외국인 학습자의 자모 발음 교육에 이용된 것이라는 점이다. 이에 비해 ①에서 보여주는 음소 중심의 배열 방식은 단모음과 이중모음을 나누어서 교육하게 함으로써 적어도 ②보다는 국어 음운론의 지식이 한국어 모음의 발음 교육에 적용된 제시 방식이라고 할 수 있을 것이다.

■ 모음의 학습 순서

모음의 제시 방식과 아울러 기존의 논의에서 살펴볼 수 있는 것은 모음의 학습 순서에 대한 언급이다. 즉 한국어의 단모음을 어떤 순서로 가르치는 것이 더 효과적인가 하는 질문에 대해 음운론의 이론적 성과가 적절한 답을 제시할 수 있을 것인가를 생각해 보는 것이다.

여기에는 크게 두 가지 입장이 있는 것 같다. 하나는 언어의 보편성과 유표성 이론에 바탕을 둔 것이다. 즉 언어 보편적으로 나타나는 모음이나 무표적인 모음을 먼저 학습하고 유표적인 모음은 나중에 학습하는 것이 효과적일 것이라는 것이다. 이와 같은 보편성과 유표성 이론을 바탕으로 하여 김선정(2009)에서는 'ㅏ, ㅣ, ㅜ' → 'ㅔ, ㅗ' → 'ㅡ, ㅓ'의 순서로 교육하는 것이 효과적이라고 하였다.

또 하나의 입장은 대조언어학적 관점으로서 학습자의 모국어와 학습하고자 하는 언어의 음운체계를 대조하여 거의 동일한 음가를 가진 모음을 우선하여 가르치고 모국어에 없는 모음 혹은 모국어에 없는 음운

대립에 기초한 모음은 나중에 가르치는 것이 효과적이라는 주장이다. 이와 같은 대조언어학적 관점을 바탕으로 하세가와 유키코(1997)에서는 일본인 학습자의 경우 우선 한국어의 모음과 거의 동일한 음가를 가진 'ㅏ, ㅣ, ㅔ'를 먼저 가르치고 'ㅗ, ㅜ, ㅓ, ㅡ'는 나중에 가르칠 것을 제안하고 있다.[6]

이러한 두 가지 교육 방법은 언어학 이론에 바탕을 두고 이것을 한국어 단모음의 교수-학습 순서에 적용시킨 것이라고 할 수 있다. 이 두 가지 방법 중 어떤 것이 더 효과적인가 하는 것은 학습자 집단의 구성원에 따라 다를 것이라 생각된다. 즉 다양한 모국어를 가진 학습자 집단이라면 전자의 방법이 더 효과적일 것이고 동일 모국어 화자들만 모여 있는 경우라면 후자의 방법이 더 효과적일 수 있을 것이다.

■ 발음 표시 문제

지금까지의 예들은 음운론의 이론적인 성과가 외국인 학습자를 위한 한국어 모음 교육 방법에 일정 부분 영향을 미친 경우라고 볼 수 있다. 그런데 음운론적 지식을 이용하기는 하였으나 그 의미가 충분히 검토되지 않은 채 발음 교육에 적용된 것으로 발음 표시의 문제가 있다.

현재 한국어 교재에서 발음을 표시하는 방식은 크게 세 가지로 나누어 볼 수 있는데 1) 국제음성기호(IPA)를 사용하는 방식, 2) 한글 자모를 발음 나는 대로 적어 음성기호처럼 사용하는 방식, 3) 로마자 표기법을 사용하는 방식이 그것이다.[7] 이 가운데 국제음성기호를 사용하여 음가

---

6) 장향실(2014)에서는 보편 모음의 관점과 최소한의 자질을 통한 설명 제시를 기준으로 하여 'ㅏ→ㅓ → ㅗ → ㅜ → ㅡ → ㅣ → ㅔ/ㅐ'의 방식을 제시한 바 있다. 이 방식은 우연이기는 하나 앞서 언급한 모음 제시 방식 ①과 동일한 순서를 보이고 있다.

를 표시하는 것은 음운론의 기초가 되는 음성학적 지식을 통해 학습자에게 한국어 발음을 제시하고자 하는 의도로 볼 수 있을 것이다.

그러나 한국어 발음 교육에 있어서 음성기호의 사용이 효과적인 방법인지에 대해서는 좀 더 생각해 볼 여지가 있다. 만약 자소(字素)와 음소가 일대일의 대응 관계를 보이지 않는 언어라면 음성기호에 대한 학습의 부담이 있더라도 음성기호의 사용이 요구될 가능성이 높다고 할 수 있다. 아마도 영어의 경우가 이에 해당할 것이다. 영어 발음의 경우 하나의 모음자(母音字)가 조건에 따라 다양한 모음으로 실현되므로 그 발음을 표시해 줄 음성기호가 필요하게 된다. 그러나 이중모음 'ㅢ'를 제외하면 하나의 자소가 하나의 음소에 해당하며 모음 표기와 모음의 발음이 달라지는 경우가 없는 한국어는 그 상황이 영어와는 다르다. 즉, 각 모음의 음가를 학습자가 이미 습득한 상태라면 굳이 IPA 발음기호를 사용하지 않고 한글 모음자를 발음기호로 사용하여 표시하더라도 큰 문제는 없을 것이다.[8]

---

7) 발음 표기로 로마자 표기를 사용한 교재는 그리 많지 않은데, TV에서 방송되는 한국어 교육 프로그램의 교재 가운데 이와 같은 방식을 채용한 것이 일부 있다.

8) 물론 학습자가 IPA 발음기호에 대해 충분히 숙지하고 있는 경우라면 분명히 한국어 모음의 발음을 이해하는 데 유리할 것이며 정확한 발음의 습득에 있어서도 효과적일 것이다. 그러나 이러한 음성학적 지식을 갖고 있는 학습자는 많지 않을 것이다. 따라서 발음기호를 사용하고자 한다면 이러한 기호에 대한 설명이 교재에 포함되어 있어야 할 것이다. 대표적인 영어 발음 교재 중의 하나인 Mark Hancock(2003:130~136)은 교재의 뒷부분에 IPA 발음기호에 대한 설명과 이를 학습자가 충분히 활용할 수 있도록 다양한 연습 문제를 제시하고 있어 참고가 된다.

3. 한국어 모음 교육의 실제

■ 모음의 제시 예

모음은 혀의 위치와 높이를 보여주는 모음사각도, 입술의 원순성을 보여 주는 입술 그림이나 사진, 조음 위치가 표시된 조음기관 단면도 등의 자료나 동영상을 보여 주면서 조음 방법을 설명하는 경우가 많다. 또한 교실에서 다양한 도구들을 활용하기도 한다. 거울을 사용해서 학습자가 스스로 교사의 입 모양과 자신의 입 모양을 비교 관찰할 수 있게 하는 방법이 많이 쓰인다. 윤은경(2011)에서는 막대사탕을 이용한 모음 교육 방안도 소개하고 있다.

가. 조음기관 단면도

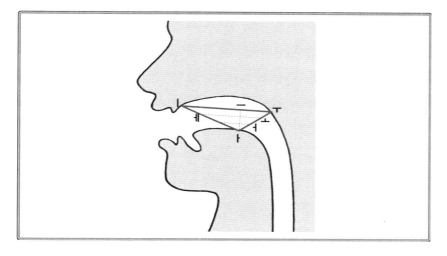

나. 입술 그림이나 사진

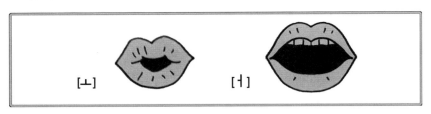

다. 도구를 이용한 모음 구별 제시 방안

윤은경(2011)에서는 막대사탕을 이용하여 모음을 교육하는 방안을 제시하였는데, 그 중에서 'ㅣ'와 'ㅡ'의 교수 방안은 초급 학습자에게 효과적으로 활용할 수 있을 것 같다. 막대사탕의 막대 부분이나 나무 젓가락, 빨대 등을 가로로 놓고 문다. 발화할 때 혀가 막대에 닿으면 'ㅣ' 소리이고, 닿지 않으면 'ㅡ' 소리이다. 'ㅣ'와 'ㅡ'의 오류가 잦은 몽골어권 학습자들에게 특히 유용한 방법이 될 수 있다.

모음 'ㅗ'와 'ㅜ'의 구별을 위해 연필이나 빨대, 나무 젓가락을 이용하는 경우도 있다. 코와 윗입술 사이에 연필 등을 올려놓고 한국어의 'ㅜ' 발음을 하면 올려놓은 것이 떨어지지 않으나 'ㅗ' 발음을 하면 떨어지게 된다. 이것은 동일한 원순모음이지만 동그랗게 모아진 입술 모양에 차이가 있는 것을 이용한 것으로 'ㅗ'와 'ㅜ' 모음의 구별에 효과적인 방법이 될 수 있다.

◼ 모음 교육 활동 예

가. 음운 식별 연습: 목표 음운('ㅗ'와 'ㅜ')을 포함한 음절을 듣고 같은 소
리를 고른다.

---
* 다음을 듣고 같은 소리를 고르세요
　[오] 오-우　[위] 우-오　[도] 도-두　[무] 모-무　[호] 호-후　[수] 소-수

나. 음절 연습: 목표 음운('ㅗ'와 'ㅜ')을 포함한 음절을 이용해 발음을 연
습한다.

---
* 다음을 듣고 따라 읽으세요
　오오오 우우우 오우오우 우오우오
　모모모 무무무 모무모무 무모무모

다. 유사 최소대립쌍 활용: 목표 음운('ㅗ'와 'ㅜ')이 포함된 최소대립쌍을
활용해서 식별 및 발음 연습을 한다.

---
* 다음을 듣고 같은 소리를 고르세요.
* 다음을 듣고 따라 읽으세요.
　[소] 소-수　　[둘] 돌-둘　　[복] 복-북　　[중] 종-중　　[솔] 솔-술
　[구리] 고리-구리　　[모기] 모가-무기　　[두부] 도보- 두부　　[구두] 구두-고도
　[우리] 오리-우리　　　　[보세요] 보세요-부세요
　[우나요] 오나요-우나요　　　[몰아요] 몰아요-물어요

라. 최소대립쌍 활용: 최소대립쌍인 단어들로 구성한 연습이다. 발음
연습이 지루해지지 않도록 다양한 형태의 연습 활동을 구성하는
것이 좋다.

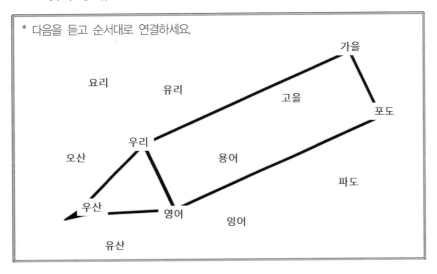

마. 단어 연습: 목표 음운('ㅑ', 'ㅕ', 'ㅛ', 'ㅠ', 'ㅖ')이 포함된 단어들로 구성
된 연습이다. 자모 교육과 함께 이루어지는 발음 교육이라면 교
육 순서에 따라 배우지 않은 음운은 포함하지 않고 연습 자료를
구성해야 한다. 예를 들어, 종성을 배우기 전에는 '초성+중성'만으
로 이루어진 단어를 선택해야 한다.

```
* 다음 단어를 듣고 따라하세요.
 유리   요리   여자   야구   휴지
 묘지   겨자   우유   교사   샤워
 겨우   이겨요  펴요   예고   예뻐요
```

바. 문장 연습: 목표 음운('ㅑ', 'ㅕ', 'ㅛ', 'ㅠ', 'ㅖ')이 포함된 문장 단위의 연습이다. 자모 교육을 마친 이후에 이루어지는 발음 교정 수업이라면 문장 단위까지 연습을 확장하는 것이 좋다.

---

* 다음 문장을 듣고 따라하세요.

여기에서 <u>야</u>구를 하지 마세<u>요</u>.

<u>요</u>리를 하다가 <u>유</u>리 그릇을 깨뜨렸어<u>요</u>.

시골에 가<u>면</u> <u>별</u>이 잘 보<u>여요</u>.

<u>요</u>즘 아파서 <u>병</u>원에 다녀<u>요</u>.

<u>요</u>즘 어디에서 쇼핑을 많이 해<u>요</u>?

이 호텔이 정말 <u>예</u>뻐서 <u>예약</u>했어<u>요</u>.

사. 대화 연습: 목표 음운(이중 모음)을 포함한 단어들을 이용해서 유의적 맥락에서 대화를 연습한다.

---

* 다음 대화를 짝과 함께 읽으세요.

가: 어디에 <u>여행</u>가고 싶어<u>요</u>?

나: <u>강원도</u>에 가고 싶어<u>요</u>.

1) 하와이　2) 워싱턴　3) 스웨덴　4) 노르웨이　5) 웰링턴　6) 에콰도르

▣ 모음 교육 교안 예시

주제	모음 'ㅓ'와 'ㅗ'
학습 목표	모음 'ㅓ'와 'ㅗ'를 구별하여 듣고 발음할 수 있다.
학습 대상	초급 학습자

단계	내용	유의점
도입	〈받아쓰기를 이용한 도입〉 : 'ㅗ'와 'ㅓ'가 포함된 단어 듣고 받아쓰기 1. 교사: 여러분, 듣고 받아쓰세요. 　　　'코피', '거기' (2번씩 반복) 　　　다 썼어요? 친구와 비교해 보세요. 같아요, 달라요? 2. 학습자가 받아쓴 단어가 무엇인지 질문하고, 학습자의 대답을 들으며 판서한다. 3. 예상되는 오류인 '커피', '고기'도 함께 비교 판서한다. > * 참고: 도입 후 완성된 판서 > 　1. 코피 고기 'ㅗ' > 　2. 커피 거기 'ㅓ' 〈학습 목표 및 목적 제시〉 1. 교사: 여러분, 커피를 마셔요, 코피를 마셔요? 　　　네, 커피를 마시지요? 코피를 마시면 안 돼요. 　　　어제 고기를 먹었어요, 거기를 먹었어요? 　　　네, 맛있는 고기를 먹었어요. 　　　'ㅗ'와 'ㅓ' 소리가 달라요. 잘 들어야 해요. 그리고 발음도 잘 해야 해요. 오늘 이 발음을 연습할 거예요.	
제시	〈조음 방법 설명하기〉 1. 교사: (교사의 입 모양 보고 따라하기) 　　　따라하세요. '오', '어' 2. 입술 그림을 이용해 발음 방법 설명하기 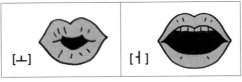	〉 초급 학습자의 경우 교사말이 어려울 수 있다. 따라서 교사의 손동작을 이용한 설명이 더 중요하다. 예를 들어, '입술이 동그랗게 돼요'는 손가락으로 동그라미를 만들어 보여 주

단계	내용	유의점
	교사: 여러분 보세요. '오', 입술이 이렇게 동그랗게 돼요. 그리고 앞으로 쭈욱 나와요. 따라하세요. 여러분 보세요. '어', 입을 조금 열어요. 입술이 동그랗게 되지 않아요. '오'는 입술에 힘이 있어요. 그리고 혀가 조금 올라와요. '어'는 입술에 힘이 없어요. 그리고 혀도 힘이 없어요. 편하게 조금 열어요. 손바닥을 입 앞에 대세요. '오', 손바닥과 붙어요. '어', 손바닥과 안 붙어요. 〈확인하기〉 거울을 이용해서 교사의 입 모양과 학습자 자신의 입 모양을 비교해 보게 한다.	면서 설명한다. 또한 입술의 힘은 단단한 입술은 손가락으로 꾸욱 눌러보이고, 힘이 없는 입술은 툭툭 치면서 보여 주는 등 동작으로 설명할 수 있어야 한다.
연습	〈듣기 연습〉 : 듣고 소리 구별하기 1. 교사: 여러분 제 발음을 듣고 '오'가 있으면 손가락으로 1, '어'가 있으면 2 하세요. '코피, 커피, 거기, 고기, 목, 먹, 설, 솔' 〈발음 연습〉 : 단모음 〉 단어 〉 문장 1. 교사: 따라하세요. 오어오어 어오어오 'ㅗ'　'ㅓ' 코피　커피 신촌　신천 고기　거기 볼　벌	〉 '듣고 소리 구별하기' 연습은 즉각적으로 피드백을 주는 것이 좋다. 한 단어를 한 번 들은 후 학습자들이 손가락으로 표시하고, 두 번째 들으면서 서로 손가락을 비교하고, 세 번째에는 답을 알고 들을 수 있게 세 번 정도 반복해서 읽어 주는 것이 좋다. 〉 초급 학습자의 경우 단어나 문장의 의미를 설명하는 시간을 줄이기 위해 초급 수준의 어휘와 문장을 선택해야 하고, 그래도 설명이 필요한 것은 그림 카드

단계	내용	유의점
	 'ㅗ' **코피**를 흘렸어요 'ㅓ' **커피**를 흘렸어요 'ㅗ' **신촌**에 가요 'ㅓ' **신천**에 가요 **거기**에서 맛있는 **고기**를 살 수 있어요. 아이의 **볼**이 **벌**에 쏘였어요. 〈유의적 맥락에서 연습하기〉 가: 이건 뭐예요? 나: **커피**예요/**버섯**이에요. - 커피, 고기, 포도, 오징어, 토마토 - 버섯, 껌, 생선, 설탕, 소금 교사: 제가 '가', 여러분이 '나' 읽어 봅시다. 　　　짝하고 같이 읽어 보세요.	나 PPT를 활용해서 설명을 최대한 줄이는 것이 좋다. 〉 학습자들이 연습하는 동안 교사가 돌아다니면서 듣고, 오류를 수정하고, 칭찬을 통해 격려해 준다.
마무리	이번 시간에 학습한 것을 이해했는지 확인하고, 과제를 부여한다.	

제4장

한국어 자음의 특징과 교육의 실제

1. 한국어 자음의 특징

국어의 자음은 모두 19개인데, 조음 위치와 조음 방법이라는 두 가지 기준에 의해 서로 간의 공통점과 차이점을 확인할 수 있다. 먼저 조음 위치에 따른 자음의 분류를 살펴보도록 하자.

조음 위치에 따른 자음의 분류

조음 위치에 따라 자음을 분류하기 위해서는 먼저 발음기관의 명칭에 대한 지식이 필요하다. 자음은 모음과 달리 공기의 흐름이 방해를 받으면서 나오는 소리이다. 조음 위치에 따른 분류는 공기의 흐름이 어디에서 방해를 받는가를 기준으로 이루어진다. 아래의 발음기관도 가운데 입술, 이, 치조, 경구개, 연구개, 후두 등이 공기의 흐름을 방해하는 주된 위치가 된다.

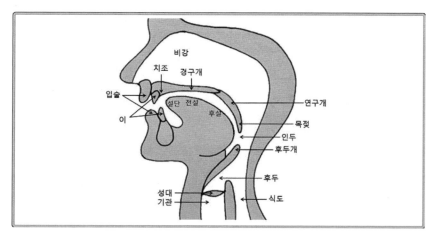

[그림 4.1.] 주요 발음 기관의 명칭

그러면 아래의 자음을 발음해 보면서 공기의 방해가 어디에서 이루어지는지 확인해 보도록 하자.

ㅂ, ㅃ, ㅍ, ㅁ
ㄷ, ㄸ, ㅌ, ㅅ, ㅆ, ㄴ, ㄹ
ㅈ, ㅉ, ㅊ
ㄱ, ㄲ, ㅋ, ㅇ
ㅎ

두 입술이 붙었다가 떨어지면서 나는 소리를 양순음이라고 하며 'ㅂ, ㅃ, ㅍ, ㅁ'이 여기에 해당된다. 혀끝이 치조(윗잇몸)에 닿았다가 떨어지거나 가까이 다가가서 나는 소리를 치조음이라고 하며, 'ㄷ, ㄸ, ㅌ, ㅅ, ㅆ, ㄴ, ㄹ'이 여기에 해당된다. 혀의 앞부분이 경구개 부분에 닿았다가 떨어지며 나는 소리를 경구개음이라고 하며 'ㅈ, ㅉ, ㅊ'이 여기에 해당된다. 혀의 뒷부분이 연구개에 닿았다가 떨어지며 나는 소리를 연구개음이라고 하며 'ㄱ, ㄲ, ㅋ, ㅇ'이 여기에 해당된다. 후두의 성대 사이를 좁혀 마찰을 일으키며 나는 소리를 후음이라고 하며 'ㅎ'이 여기에 해당한다. 조음 위치에 따라 자음을 분류한 것을 표로 제시하면 다음과 같다.

양순음	치조음	경구개음	연구개음	후음
ㅂ, ㅃ, ㅍ, ㅁ	ㄷ, ㄸ, ㅌ, ㅅ, ㅆ, ㄴ, ㄹ	ㅈ, ㅉ, ㅊ	ㄱ, ㄲ, ㅋ, ㅇ	ㅎ

조음 위치의 이동

우리가 동일한 자음이라고 인식하는 소리라도, 모든 환경에서 조음 위치가 동일한 것은 아니다. 다음 자음을 발음하면서 그 조음 위치가 동일한지 관찰해 보자.

　　사 샤 사 샤
　　나 냐 나 냐
　　라 랴 라 랴

'ㅅ, ㄴ'은 기본적으로 치조에서 발음되지만, 뒤에 오는 모음이 'ㅣ'나 'ㅣ계 이중모음'이면 그 조음 위치가 경구개로 바뀐다. 즉 '샤'의 'ㅅ'은 치조 위치에서 발음되고, '샤'의 'ㅅ'은 경구개 위치에서 발음되는 것이다.

이러한 조음 위치의 차이가 외국어와의 대조에서 더 두드러질 수가 있다. 영어의 's'와 한국어의 'ㅅ' 발음의 차이가 그것이다. 영어 모국어 화자가 영어의 's' 발음을 그대로 한국어의 모든 'ㅅ' 발음에 사용하거나 반대로 한국어 모국어 화자가 한국어의 'ㅅ' 발음을 그대로 영어의 모든 's' 발음에 이용할 경우 어색한 발음이 된다. 그러므로 한국어 교사는 한국어에서 동일한 자음이 환경에 따라 그 조음 위치가 달라지는 경우도 정확하게 파악하고 있어야 한다.

'ㄹ'도 기본적으로 치조에서 발음되지만, '졸려요, 훌륭해요'과 같이 'ㅣ'나 'ㅣ' 계 이중모음' 앞에서 종성과 초성의 'ㄹ' 모두 그 조음 위치가 경구개로 바뀐다.

■ 조음 방법에 따른 자음의 분류

조음 방법에 따라 자음을 나눌 때에는 먼저 크게 공명음과 장애음으로 나눌 수 있다. 입 안이나 코 안에서 울림이 있는 소리를 공명음이라고 하는데 여기에는 'ㄴ, ㅁ, ㅇ, ㄹ' 소리가 포함된다. 이들을 제외한 다른 자음들은 장애음이다.

공명음 가운데에서 'ㄴ, ㅁ, ㅇ'은 공기가 코를 통해서 밖으로 나오면서 발음을 하게 되어 비음이라고 부른다. 그리고 'ㄹ'은 혀끝을 잇몸에 잠깐 댔다가 떨어뜨리면서 발음하거나(나라) 혀끝을 잇몸에 댄 채 혀의 양 옆으로 공기를 내보내면서 발음을 하게 되어(달) 유음이라고 부른다.

공명음	비음	ㄴ, ㅁ, ㅇ
	유음	ㄹ

장애음은 공명음에 비해 입 안에서 공기의 흐름이 더 크게 방해를 받게 되는데 그 방해를 받는 방식에 따라 크게 파열음, 마찰음, 파찰음으로 나눌 수 있다. 공기의 흐름을 완전히 막았다가 터트리면서 발음하는 소리를 파열음이라고 하는데, 'ㅂ, ㅃ, ㅍ, ㄷ, ㄸ, ㅌ, ㄱ, ㄲ, ㅋ'이 여기

에 속한다. 발음하는 위치의 좁은 틈 사이로 공기가 빠져나가면서 나는 소리를 마찰음이라고 하며 'ㅅ, ㅆ, ㅎ'이 여기에 해당된다. 파찰음은 처음에는 파열음처럼 공기의 흐름을 완전히 막았다가 터트릴 때에는 마찰음처럼 좁은 틈으로 공기를 내보내면서 내는 소리이며 'ㅈ, ㅉ, ㅊ'이 여기에 속한다.

	파열음	ㅂ, ㅃ, ㅍ ㄷ, ㄸ, ㅌ ㄱ, ㄲ, ㅋ
장애음	마찰음	ㅅ, ㅆ ㅎ
	파찰음	ㅈ, ㅉ, ㅊ

파열음과 파찰음은 다시 평음, 경음, 격음으로 나누어진다. 한국어 화자가 얇은 휴지를 입 앞에 대고 '바, 빠, 파'를 발음하는 것을 잘 관찰해 보자. 휴지가 가장 많이 흔들리는 경우는 '파'인데 이는 공기의 흐름을 막았다가 터트릴 때 성대 사이의 공간을 충분히 열어주어 많은 공기를 내보내기 때문이다. 이것을 격음이라고 한다. 반면 '빠'의 경우는 공기를 거의 내보내지 않고 발음하므로 휴지가 흔들리지 않게 된다. 이것을 경음이라고 한다. '바'의 경우는 목청을 너무 열거나 좁히지 않고 공기를 조금 내보내면서 발음하므로 '파'를 발음할 때보다 더 약하게 흔들린다. 이것을 평음이라고 한다. 이와 같은 평음, 경음, 격음의 구분은 한국어 자음 발음의 중요한 특징 중의 하나이다.

지금까지 살펴본 한국어 자음의 분류를 정리하면 다음과 같다.

[표 4.1] 한국어의 자음 분류표

조음방법 \ 조음위치			양순음	치조음	경구개음	연구개음	후음
장애음	파열음	평음	ㅂ	ㄷ		ㄱ	
		경음	ㅃ	ㄸ		ㄲ	
		격음	ㅍ	ㅌ		ㅋ	
	마찰음	평음		ㅅ			ㅎ
		경음		ㅆ			
	파찰음	평음			ㅈ		
		경음			ㅉ		
		격음			ㅊ		
공명음	비음		ㅁ	ㄴ		ㅇ	
	유음			ㄹ			

조음 위치 관련 자음 체계 대조

　한국어 교사가 학습자 언어의 자음 체계에 대한 지식을 가지고 있으면 한국어 자음 체계와의 대조를 통해 학습자의 발음 오류를 일정 부분 예측할 수 있게 된다. 그런데 이때 주의할 것은 동일한 자음이라도 조음 위치가 다를 수 있다는 것이다. 영어의 'C'를 한국어로 표기하면 '씨'라고 할 수 있지만, 영어의 'C'는 치음에 해당하고 한국어의 '씨'는 경구개음에 해당한다. 그러므로 영어가 모국어인 한국어 학습자가 한국어의 '기영 씨'의 '씨'에 영어의 'C'를 대응시켜 발음하면 어색한 발음이 된다. 반대로 한국어가 모국어인 화자가 영어를 배울 때에도 동일한 문제가 발생하게 될 것이다.

조음 방법 관련 자음 체계 대조

조음 방법과 관련하여 한국어 자음의 가장 큰 특징은 역시 평음, 경음, 격음의 대립이 있다는 것이다. 한국어는 'ㅂ, ㅃ, ㅍ/ㄷ, ㄸ, ㅌ/ㄱ, ㄲ, ㅋ/ㅈ, ㅉ, ㅊ'이라고 하는 평음, 경음, 격음의 대립을 보이는데 다른 외국어의 경우는 '유기음, 무기음'의 대립을 가지거나 '유성음, 무성음'의 대립을 가지는 경우가 대부분이다. 이러한 경우 한국어의 평음, 경음, 격음의 대립 중 어느 한 발음의 구별을 어려워하게 된다.

중국어의 경우 '유기음, 무기음'의 대립을 가지고 있는데, 이 경우 한국어의 'ㅍ, ㅃ'을 각각 중국어의 '유기음, 무기음'에 대응시킨다. 평음인 'ㅂ'은 어두에서는 'ㅍ'과, 유성음 환경에서는 'ㅃ'과의 구별이 어려워 중국인 학습자에게는 나중까지 습득하기 어려운 자음이 된다.

2. 한국어 음운론 지식의 한국어 자음 교육에의 적용

최소대립쌍을 이용한 발음 교육

자음의 발음 교육에 주로 사용하는 연습 자료의 제시 방식은 최소대립쌍을 이용한 발음 교육이다.[9] 허용·김선정(2006:25)에서 제시된 것을 예로 들면 다음과 같다.

---

9) 물론 최소대립쌍을 이용한 발음 교육은 모음의 교육에도 이용된다.

[표 4.2] 최소대립쌍을 이용한 교육의 예(허용·김선정, 2006)

문맥에 나타난 최소대립쌍 연습	
동일한 문장 내에 제시하는 경우	두 문장의 동일한 위치에 제시하는 경우
• 우리 **딸**은 **달**을 좋아한다. • **굴** 맛이 **꿀**맛 같다. • **방**에 들어가서 **빵**을 먹자.	• 공원에 **풀/불**이 났다. • 나는 **굴/꿀**을 먹었다. • 아저씨는 공장에서 **종/총**을 만든다.

위에서와 같이 최소대립쌍을 이용한 자모 발음 교육은 음운론에서의 음소 설정 방법이 그대로 발음 교육에 적용된 경우이다. 단지 단어 수준의 최소대립쌍 연습에 그치지 않고 문맥을 이용하는 것으로 발전한 것은 발음 교육의 목적이 의사소통에 있고 모국어 화자와 같은 발음보다 이해명료성을 강조하면서 이루어진 교육적 응용이라고 할 수 있을 것이다.10)

그런데 여러 자음의 최소대립쌍 가운데 특별히 어떤 요소에 더 집중해서 가르쳐야 하는가에 대해서는 논의가 이루어진 바가 없는 듯하다. 이와 관련하여 영어 발음 교육에서는 '기능부담량(functional load)'이라는 개념을 이용할 수 있음을 주장한 연구가 있다(Munro & Derwing, 2006). 어떤 음소의 대립쌍이 다른 음소의 대립쌍에 비해 해당 언어에서 단어를 변별하는 데 더 자주 사용된다면 그 대립쌍은 기능부담량이 높은 대립쌍이 된다. 기능부담량이 높은 대립쌍은 상대적으로 기능부담량이 낮은 대립쌍보다 분절음의 발음 교육에서 우선권을 가지게 된다는 주장이다. 한국어의 경우 음소의 기능부담량에 대한 논의는 있었으나(진남택(1993), 신지영(2008) 등) 음소대립쌍의 기능부담량에 대한 논의가 직접 이루어진

---

10) Celce-Murcia et al.(1996)에서는 표의 왼쪽에 있는 문장 연습을 syntagmatic drill, 오른쪽에 있는 것을 paradigmatic drill이라는 용어로 기술하고 있다.

적은 없는 듯하다.

📕 무성파열음의 교육

자음의 교육에서 가장 많이 주목을 받는 것은 역시 평음, 경음, 격음의 교육이다. 기존의 연구들은 한국어 평음, 경음, 격음의 음성적 특징을 바탕으로 하여 한국어 무성파열음의 교육 방식을 제시하거나, 이에 대응하는 한국어 학습자 모국어의 자음 특징을 바탕으로 하여 평음, 경음, 격음의 교육 방식을 제시하고 있다. 기존의 논의에서 무성파열음의 교육 방식으로 제시한 것은 다음과 같다.

> ① 기식성을 이용한 평음, 경음, 격음의 교육
> ② 변이음을 이용한 평음, 경음, 격음의 교육
> ③ 변이음, 음의 높이와 관련된 평음, 경음, 격음의 교육

기식성이라는 음성적 특징을 무성파열음의 발음 교육에 직접 도입하여 이루어진 것은 일반적으로 널리 알려져 있듯이 얇은 티슈나 종이를 이용하여 평음, 경음, 격음의 기식성의 차이를 시각적으로 확인할 수 있도록 한 교육 방식이다.

②는 평음, 경음, 격음의 변별에 학습자 모국어의 변이음을 이용하는 경우이다. 예를 들어 한국어의 평음 'ㅂ, ㄱ'의 발음을 중국어의 '爸爸[bàba] , 哥哥[gēge]'의 두 번째 음절의 발음을 이용하여 발음하게 하거나 한국어의 경음 'ㄲ, ㄸ, ㅃ'을 일본어의 촉음 뒤 무성파열음의 발음을 이용하여 변별하게 하는 방법이다. ③은 학습자 모국어의 변이음을 이용하되 그 변이음의 높이나 강세가 한국어 경음이나 격음이 보여주는 음

의 높이와 관련성이 있을 때 그 발음의 초분절음적인 특징을 이용하여 변별하게 하는 방법이다.

　단순히 학습자 모국어의 변이음만을 가지고 한국어 파열음의 교육에 사용하는 것은 경험상 쉽지 않은 것으로 보인다. 학습자의 모국어가 가지고 있는 어떤 음소의 변이음이 한국어의 무성파열음 중 하나처럼 들릴지라도 그것은 한국어 모어 화자에게 그렇게 들릴 뿐 한국어 학습자에게는 그 소리를 지각하는 것이 쉽지 않다. 변이음은 모국어 화자가 의식하여 발음할 수 없는 소리이기 때문이다. 이것은 한국어의 평음이 유성음을 변이음으로 가지고 있다고 해서 그것을 이용하여 다른 외국어의 무성음과 유성음을 구별하여 발음할 수 있을 것이라고 주장하는 것과 마찬가지인 셈이다.

　그러나 그 변이음이 고저악센트나 강세와 같이 모국어에서 변별적인 기능을 하는 운소와 결합되어 있는 경우에는 그것이 교육 방법으로서 효과를 가지고 있는 것 같다. 다만 이 효과가 무성파열음의 지각과 산출에 모두 긍정적인 요소로 작용하는지에 대해서는 좀 더 논의가 필요하다. 한국어 모국어 화자의 발음을 듣고 경음이나 격음을 평음과 구별하는 데는 도움이 될 수 있을 것 같으나 과연 강세나 음의 높이를 이용하여 경음이나 격음을 발음한다고 해서 그 소리가 한국어 모국어 화자에게 경음이나 격음으로 인식될 수 있을 것 같지는 않기 때문이다.

■ 조음 위치를 고려한 발음 연습 자료 구성

　발음 교육의 단계를 크게 '도입 → 제시 → 연습 → 활용 → 마무리'의 단계로 나눌 때 각 단계마다 한국어 음성학, 음운론의 지식이 관여

할 수 있을 것이다. 이 가운데에서도 특히 그러한 지식이 응용될 가능
성이 높은 단계는 아마 연습 단계일 것이다. 연습을 위해서는 단어를
선정해야 하고 선정된 단어를 어떤 방식으로 제시하는 것이 효과적인
지에 대한 방법의 고안이 필요하기 때문이다.

주지하듯이 일본어권 학습자들은 한국어의 비음 종성 'ㄴ, ㅁ, ㅇ'을
구별하여 지각하는 것이 매우 어렵다. 일본어에서는 한국어의 비음 종
성이 하나의 음운의 변이음으로서 존재하기 때문이다. 그러므로 이에
대한 교육이 이루어질 필요가 있는데 여기에 한국어 음성학, 음운론의
지식이 활용될 가능성이 있다. 이에 대해 한국어 비음 종성 'ㄴ, ㅁ, ㅇ'
의 발음 연습 자료 구성과 관련 지어 살펴보도록 하자.

발음 수업의 '제시' 단계에서는 종성 'ㄴ, ㅁ, ㅇ'의 조음 방법을 조음
기관도나 혀의 위치에 대한 설명 등을 통해 학습자에게 알려줄 수 있
다. '제시' 단계에 이어지는 '연습' 단계에서는 종성 'ㄴ, ㅁ, ㅇ'이 포함된
단어를 제시하고 이들 단어의 발음을 연습한 후 문맥이 포함된 문장이
나 대화 등으로 확장하여 발음 연습을 반복할 수 있을 것이다. 이러한
연습에서 가장 중요한 것은 학습자가 '제시' 단계에서 설명한 'ㄴ, ㅁ,
ㅇ'의 조음 방식 차이에 대해 인식할 수 있어야 한다는 것이다.

그런데 기존의 발음 교재나 발음 연습에서는 바로 'ㄴ, ㅁ, ㅇ'이 포함
된 단어들을 제시하고 이것을 반복하여 연습하는 방식을 취해 왔다. 예
를 들어 '간, 감, 강'과 같이 최소대립쌍을 이루는 단어들을 제시해 주고
'ㄴ, ㅁ, ㅇ'의 조음 방식이 다르다는 것을 반복 연습을 통해 학습자들이
인식할 수 있도록 한 것이다.

그러나 바로 종성의 'ㄴ, ㅁ, ㅇ' 발음 연습으로 시작하는 것보다 뒤의
음절에 동일 조음 위치의 자음이 포함된 음절을 결합시켜 발음하게 하

면 각각의 종성의 조음 방식을 인식하고 또 조음 방식의 차이를 인식하는 데에도 도움이 될 수 있지 않을까 생각해 볼 수 있다. 서울대 언어교육원(2009)에서는 이처럼 동일 조음 위치의 자음이 후속 음절에 포함된 경우가 가장 정확하고 자연스럽게 종성 'ㄴ, ㅁ, ㅇ'의 발음을 이끌어낼 수 있다는 생각을 바탕으로 하여 다음과 같이 연습 단계를 제시하였다.

[표 4.3] 동일 조음 위치를 이용한 'ㄴ, ㅁ, ㅇ'의 교육(서울대 언어교육원, 2009)

1. 다음은 받침소리 [ㅁ, ㄴ, ㅇ] 발음을 위한 준비연습입니다. 잘 듣고 따라 해 보세요.				
암바 암	옴바 옴	움바 움	임바 임	엄바 엄
안다 안	온다 온	운다 운	인다 인	언다 언
앙가 앙	옹가 옹	웅가 웅	잉가 잉	엉가 엉
2. 다음은 받침소리 [ㅁ]이 들어 있는 단어 연습입니다. 잘 듣고 따라 해 보세요.				
1) 꿈보다 마음보다 밤보다 봄보다 서점보다 힘보다				
2) 꿈 마음 밤 봄 서점 힘				

위에서 제시된 연습 단계는 단독형의 연습이 먼저 이루어지는 기존의 발음 연습 방식과 달리 조음 위치를 고려하여 다음과 같은 순서로 발음 연습이 이루어지게 된다. 여기서는 종성 'ㅁ'의 발음을 예로 하여 제시해 보기로 한다.

　　① 동일 조음 위치의 자음 결합형 (예: 마음보다)
　　② 단독형 (예: 마음)
　　③ 다른 조음 위치의 자음 결합형 1(예: 감사, 금지, 냄새, 침대)
　　④ 다른 조음 위치의 자음 결합형 2(예: 감기, 담가요, 숨겨요, 참가)

물론 이와 같은 방식이 체언의 단독형을 먼저 제시하여 학습하는 것
보다 효과적일 것이라는 주장은 아직까지는 하나의 가설에 불과하며
실험을 통해 그 타당성이 입증된 것은 아니다. 이 방법도 일종의 변이
음을 이용한 교육에 해당할 수 있으므로 그 타당성에 반론을 제기할 수
있을 것이다.

그러나 비음 종성 'ㄴ, ㅁ, ㅇ'은 지각이 산출로 바로 이어지지는 않는
듯하다. 'ㄴ, ㅁ, ㅇ'의 조음 위치, 조음 방식이 뚜렷한 차이를 보이므로
이를 학습자가 정확하게 인식할 수 있도록 교육이 이루어지면 지각과
무관하게 정확한 산출이 이루어질 가능성이 있기 때문이다.

이와 같이 조음 위치를 고려하여 종성 발음 연습을 위한 단어들을 체
계적으로 학습자에게 제시하는 방식은 분명히 한국어 음성학, 음운론의
지식을 바탕으로 하여 발음 연습을 위한 자료를 개발한 것이라고 할 수
있다.

3. 한국어 자음 교육의 실제

◼ 자음의 제시 방안

앞서 본 것처럼 한국어의 자음이 가지는 가장 큰 특징 중의 하나는
평, 경, 격음의 삼중 대립이다. 대다수의 외국어는 유, 무기 혹은 유, 무
성의 이중 대립이기 때문에 외국인 학습자들에게 한국어의 자음 발음은
어려울 수밖에 없다. 한국어 평, 경, 격음에서 나타나는 자음의 기식성의
차이를 시각적으로 보여주기 위해 흔히 티슈를 활용한다. 또는 조음기관

단면도에 바람 모양 등을 그려 넣어서 기식성의 정도를 보여 주기도 한다. 뿐만 아니라 조음기관 단면도에 자음의 조음 위치, 즉 공기의 흐름이 막히는 곳을 보여 주거나 공기의 흐름을 표시해서 보여 주기도 한다.

평음과 격음의 발음을 기식성의 정도가 아니라 높낮이로 제시하는 경우도 있다. 그러나 실제 교실에서 평음과 격음의 발음을 높낮이를 이용해 설명해 보면 평, 경, 격음의 지각에서는 음의 높낮이가 아주 유용하게 활용되지만, 산출에서의 효과는 그다지 크지 않은 걸 볼 수 있다. 노래하는 것처럼 음을 높였지만 여전히 평음으로 들리거나 낮은 음으로 격음을 어색하게 산출하는 경우가 많다.

기식의 정도로 자음을 교육할 때의 문제점은 평음과 격음의 기식의 정도 차를 학습자들이 알기 어렵다는 것이다. 티슈의 움직임으로 기식의 정도를 보여 주는 것도 좋지만 평음을 발음할 때 학습자들이 티슈를 덜 움직이게 하기 위해 지나치게 긴장하는 경우가 많다. 학습자들에게 평, 경, 격음의 발음을 시켰을 때 많은 학습자들이 경음과 격음은 크고 자신 있게 발화하는 반면, 평음의 차례가 되었을 때는 조용하고 조심스럽게 발화하는 모습을 보인다. 한국어의 자음에서 긴장성이 없는 편안한 발음인 평음을 발화하면서 오히려 더 긴장하는 모습을 보이는 것이다. 이는 평음 발음에 대한 확신이 없기 때문이다.

평음과 격음의 발음을 교육할 때 음의 높낮이를 통해 설명하기보다는 자음의 기식성 정도의 기준을 만들어 주면서 긴장성을 알려주는 것이 효과적일 수 있다. 교사가 '하'하고 한숨을 쉬어 보이면서 학습자들에게 따라해 보라고 한다. 학습자가 한숨을 쉬면 '편하게'를 강조하면서 다시 한 번 편안한 한숨을 쉬어 보인다. 한숨은 기식의 정도를 보여 주고, '편하게'는 긴장성이 없다는 것을 알려 주는 것이다. 그렇게 한숨을 몇 번 쉬면서 그만큼의 공기를 내뱉으며 자연스럽게 평음을 발음해 보게 한다. 물론 사전에 교사가 평음의 기식의 정도를 보여줄 수 있는 한숨의 크기를 숙지하고 있어야 한다. 그 다음에 교사가 짧고 강하게 '하'하고 숨을 쉬면서 격음의 기식성을 보여주고 역시 학습자가 따라하게 한다. 이렇게 평음과 격음을 교육할 때 오른손의 손등을 입에 대고, 왼손의 손바닥과 오른손의 손바닥을 마주 보게 든 뒤에 박수를 치면서 발화하면 더 효과적이다. 평음을 발화할 때는 부드럽게 손바닥에 마주 닿게 하고, 격음을 발화할 때는 손바닥을 세게 탁하고 마주 치면서 기식의 정도와 긴장성의 정도를 손으로 표시하는 것이다.

자음의 제시 예

가. 티슈 활용

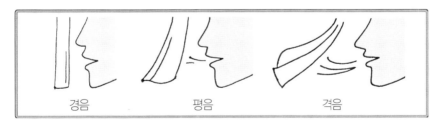

경음 평음 격음

나. 조음기관 단면도

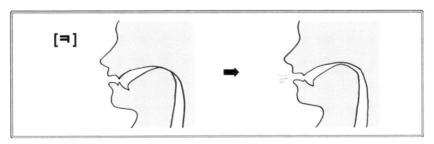

[ㅋ]

🔲 **자음 교육 활동 예**

가. 음절 연습: 목표 음운(평음, 경음, 격음)을 포함한 음절을 이용해 발음을 연습한다.

---

* 다음을 듣고 따라 읽으세요.
으까으까 까까 / 은따은따 따따
읍빠읍빠 빠빠 / 은짜은짜 짜짜
은싸은싸 싸싸

---

* 다음을 듣고 따라 읽으세요.
가가가가 까까까까 카카카카
가까가까 가카가카 까카까카

나. 음운 구별 연습: 목표 음운(평음, 경음, 격음)을 포함한 두 소리를 듣고 같은지 다른지를 판단한다.

---

* 다음을 듣고 두 소리가 같으면 O, 다르면 X 하세요.
1. [가–카] (   )   2. [토–토] (   )   3. [빠–파] (   )
4. [저–저] (   )   5. [쿠–구] (   )   6. [소–쏘] (   )

다. 음운 식별 연습: 목표 음운(평음, 경음, 격음)을 포함한 단어를 듣고 같은 소리를 고른다.

---

* 다음을 듣고 같은 소리를 고르세요.
* 듣고 따라 읽으세요.

[바지] 바지/ 파지/ 빠지
[도토리] 도도리/ 도또리/ 도토리

[까마귀] 가마귀/ 까마귀/ 카마귀
[오빠] 오바/ 오빠/ 오파
[짜요] 자요/ 짜요/ 차요

라. 빙고 게임: 목표 음운(평음, 경음, 격음)이 포함된 음절 또는 단어 단위로 빙고 게임을 할 수 있다. 빙고 게임은 발음 연습 및 식별 연습을 동시에 할 수 있는 장점이 있고, 또한 게임 활동은 정확한 발음의 필요성을 학습자 스스로 느끼게 해서 집중력을 높이는 효과를 기대할 수 있다.

바	끼	초	더
터	씨	빠	부
푸	코	드	꼬
쪼	트	기	시

마. 최소대립쌍 활용: 최소대립쌍을 활용해서 목표음운(평음, 경음, 격음)의 식별 연습 및 발음 연습을 한다.

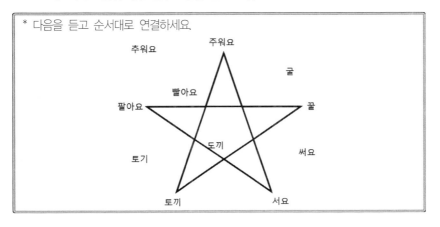

바. 문장 연습: 목표 음운(평음, 경음, 격음)을 포함한 문장 단위의 연습이다. 최소대립쌍을 활용해서 문장을 구성할 수도 있다.

---

* 다음을 읽으세요

딸이 탈을 샀어요.

풀에 불이 났어요.

방에서 빵을 먹었어요.

공과 콩은 동그래요.

발레복을 빨래해야 돼요.

발리에 빨리 가고 싶어요.

쌈밥을 삼인분 시켰어요.

잠을 참 잘 자요.

발과 팔을 다쳤어요.

그림에 크림이 묻었어요.

---

* 다음 문장을 듣고 따라하세요.

커피를 주문했는데 코코아가 나왔어요.

예쁜 바지를 싸게 팔아요.

구두가 좀 커서 바꾸고 싶어요.

슈퍼마켓에서 비싼 쌀을 샀어요.

중국집에서 짜장면과 짬뽕을 먹었어요.

사. 대화 연습: 목표 음운(평음, 경음, 격음)을 포함한 단어들을 이용해서 유의적 맥락에서 대화를 연습한다.

* 누구의 소리일까요? 듣고 찾아보세요.

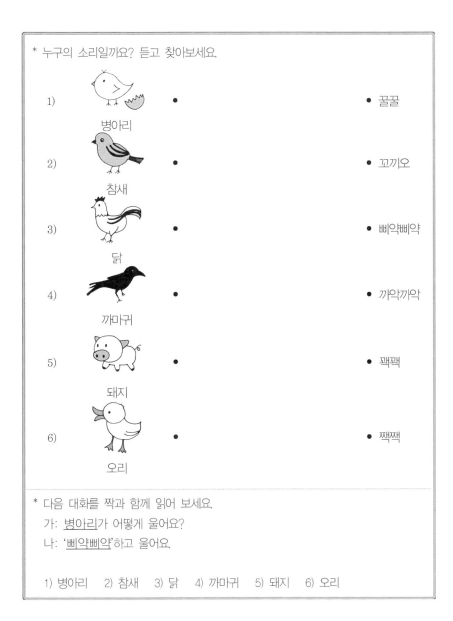

1) 병아리 · · 꿀꿀

2) 참새 · · 꼬끼오

3) 닭 · · 삐약삐약

4) 까마귀 · · 까악까악

5) 돼지 · · 꽥꽥

6) 오리 · · 짹짹

* 다음 대화를 짝과 함께 읽어 보세요.

가: 병아리가 어떻게 울어요?

나: '삐약삐약'하고 울어요.

1) 병아리   2) 참새   3) 닭   4) 까마귀   5) 돼지   6) 오리

■ 자음 교육 교안 예시

주제	평음, 경음, 격음
학습 목표	평음, 경음, 격음 'ㄱ, ㅋ, ㄲ/ㄷ, ㅌ, ㄸ/ㅂ, ㅍ, ㅃ'을 구별하여 듣고 발음할 수 있다.
학습 대상	초급 학습자

단계	내용	유의점
도입	〈두 소리를 듣고 같은 소리인지, 다른 소리인지 맞히기〉 1. 교사: 두 소리를 듣고 같으면 O, 다르면 X 하세요. 　　　'가, 카', '코, 꼬', '기, 기', '꺼, 거', '쿠, 쿠' 〈학습 목표 및 목적 제시〉 1. 교사: 세 가지 소리가 있어요. 　　　'가, 카, 까', '다, 타, 따', '바, 파, 빠' 　　　읽어 보세요. 　　　세 가지 소리가 어떻게 달라요? 어떻게 말해요? 　　　오늘 공부할 거예요.	〉한 번 들으며 학생들이 O, X 한 후, 답을 확인하고 두 번째 듣는다.
제시	〈조음 방법 설명하기〉 1. 티슈를 사용해서 기식의 차이를 보여 준다. 　경음　　　평음　　　격음 2. 기식과 긴장의 차이를 알려 준다. 교사: '가, 다, 바'는 가장 편안한 소리예요. 편하게 살짝 '하~' 해 보세요. 손바닥을 입 앞에 두고 다시 한번 '하~' 느껴 보세요. 그렇게 편하게 발음해 봅시다. 따라 하세요. 　　　'가, 가, 가', '다, 다, 다', '바, 바, 바' 　　　'카, 타, 파'는 짧고 강하게 '하-!' 해 보세요. 손바닥을 입 앞에 두고 다시 한번 '하-!'해 보세요. 소리로 손바닥을 이렇게(오른손으로 왼손을 치는 시늉) 때리는 거예요. '하-!' 　　　'카, 카, 카', '타, 타, 타', '파, 파, 파'	〉시중의 티슈는 보통 2겹인데 1겹으로 나눠서 하는 것이 더 효과적이다.

단계	내용	유의점
	'까, 따, 빠'는 가장 힘이 많이 필요한 소리예요. '빠' 준비하세요. 입술이 이렇게 (입술을 꾹 다문 모습을 보여 주며) 돼요. 더 꽉 다무세요. 그리고 조금 기다리고 '빠!' 그런데 이 티슈 (흔들며) 이렇게 되면 안 돼요. 가만히 있어야 돼요. 다시 해 보세요. 준비 (입술 꼭 다물고) 좋아요. 티슈 흔들리면 안 돼요. '빠!' '따' 준비하세요. 혀가 어디에 있어요? (혀가 윗니 뒤에 닿아 있는 모습을 보여 주고) 혀가 이렇게 있어요. 힘 주세요. 기다리세요. 자, '따!' 좋아요. 이 티슈 흔들리면 안 되죠? 다시 한번 해 보세요. '따' ('까'도 똑같이 설명)	
연습	〈발음 연습 1: 음절〉 : 듣고 따라하기 가가가다다다바바바 카카카타타타파파파 까까까따따따빠빠빠 * 경음을 잘 못할 경우 윽까윽까 까까까 은따은따 따따따 읍빠읍빠 빠빠빠 〈듣기 연습 1: 음절〉 : 듣고 소리 구별하기 1. 교사: 여러분 제 발음을 듣고 (가, 다, 바) 이것 있으면 손가락으로 1, (카, 타, 파) 있으면 2, (까, 따, 빠) 있으면 3 하세요. 가 따 파 빠 카 다 까 타 바 〈듣기 연습 2: 단어〉 : 듣고 같은 것 찾기 [바지] 바지/ 파지/ 빠지 [도토리] 도도리/ 도또리/ 도토리 [까마귀] 가마귀/ 까마귀/ 카마귀 [오빠] 오바/ 오빠/ 오파 [짜요] 자요/ 짜요/ 차요	〉이런 단순한 연습은 리드미컬하게 빠르게 읽고 따라하는 것이 좋다.

단계	내용	유의점
	〈발음 연습 2: 단어〉 : 듣고 따라하기 1. 개-깨 공-콩 그림-크림 고리-꼬리 2. 방-빵 비-피 발-팔 부리-뿌리 3. 달-딸-탈 떡-턱 도끼-토끼 담-땀 〈듣고 순서대로 연결하기 : 최소대립쌍 활용〉 [토끼-꿀-팔아요-깨요-뛰어요-토끼] 〈발음 연습 2: 문장〉 : 밑줄 친 부분 주의해서 읽기 딸이 탈을 샀어요. 방에서 빵을 먹었어요. 공과 콩은 동그래요. 발레복을 빨래해야 돼요. 발리에 빨리 가고 싶어요. 발과 팔을 다쳤어요. 그림에 크림이 묻었어요. 〈유의적 맥락에서 연습하기〉 가: 병아리가 어떻게 울어요? 나: '삐약삐약'하고 울어요. 1) 병아리/삐약삐약 2) 개구리/개굴개굴 3) 닭/꼬끼오 4) 까마귀/까악까악 5) 돼지/꿀꿀 6) 오리/꽥꽥 7) 귀뚜라미/귀뚤귀뚤	〉학습자들이 연습하는 동안 교사가 돌아다니면서 듣고, 오류를 수정하고, 칭찬을 통해 격려해 준다.
마무리	이번 시간에 학습한 것을 이해했는지 확인하고, 과제를 부여한다.	

제5장 **한국어 음절의 특징과 교육의 실제**

1. 한국어 음절의 특징

인식하기 쉬운 단위, 음절

　자음과 모음이 모여 이루는 음운론의 더 큰 단위로 음절이 있다. 음절은 발음할 수 있는 최소의 단위이다. 모음 'ㅏ'는 음소이면서 이 음소 하나만으로도 발음할 수 있으므로 하나의 음절이 될 수 있다. 그런데 'ㄱ'은 모음이 없으면 발음할 수 없다. 이것을 발음하려면 반드시 모음이 있어야 한다. 모음 'ㅡ'와 결합하면 '그[kɯ]', 'ㅏ'와 결합하면 '가[ka]'라고 발음할 수 있다. 'ㄱ'은 하나의 음소이지만 '그, 가'는 하나의 음절이다. 한국어는 'ㅅㅓㄴㅅㅐㅇㄴㅣㅁ'처럼 자음과 모음 글자를 발음되는 순서대로 쓰지 않고 '선생님'처럼 음절 단위로 모아쓰기를 하기 때문에 한국 사람은 다른 언어 화자에 비해 음절이라는 단위에 익숙하고 또 쉽게 인식할 수 있다. 잡지나 신문에 자주 등장하는 가로 세로 낱말 퍼즐이나 방송 프로그램에서 게임 형식으로 이루어지는 끝말잇기 등도 한국 사람에게 음절이라는 단위가 얼마나 친숙한지를 보여 주고 있다. 아래의 단어들을 정확한 발음으로 최대한 빠르게 읽어 보자. 그리고 이

단어들의 연결을 빠르게 읽으면서 자신의 발음에 어떠한 오류가 생기
는지 스스로 관찰해 보자.

- 중앙청 창살 쇠창살 검찰청 창살 철창살 경찰청 창살 철창살
- 왕밤빵 왕밤빵 왕밤빵 왕밤빵

이 단어의 나열을 빨리 읽을 때 생기는 오류는 대체로 받침 발음의
오류이다. '철창살'을 [철찰쌀]처럼 발음하는 오류를 범하게 된다. '왕밤
빵'이라는 단어도 반복해서 빨리 읽다 보면 [왐밤뺌]처럼 발음하게 된다.
이 때 이 받침 발음의 오류는 바로 뒤에 이어 나오는 음절의 초성 자음
때문이 아니라 뒤에 오는 음절에서 동일한 위치를 차지하고 있는 받침
의 발음 때문에 생긴다. 즉 '철창살'을 [철찰쌀]이라고 발음하는 등의 오
류는 '창'의 'ㅇ'을 앞뒤에 있는 음절의 받침에 있는 'ㄹ' 발음에 이끌려
서 잘못 발음함으로써 나타난 것이다. 이러한 오류도 우리가 음절이라
는 단위에 대해 인식하고 있음을 보여주고 있다.

한국어 음절의 구조

음절은 기본적으로 '초성(初聲, onset), 중성(中聲, nucleus), 종성(終聲, coda)'
으로 이루어져 있다.

한국어는 중성의 자리에 모음 또는 이중모음(반모음+모음)이 연결되고 초성, 종성의 자리에 자음이 연결된다. (언어에 따라서는 중성 자리에 자음이 연결되는 경우도 있다.) 초성과 종성 자리에는 분절음이 없어도 음절을 구성할 수 있지만, 중성 자리에 분절음이 없으면 음절을 만들 수 없다. 즉 중성 자리는 음절 구성의 필수적인 성분이지만 초성과 종성 자리는 필수적인 성분은 아니다. 한국어의 가능한 음절 구조 유형은 다음과 같이 나눌 수 있다. 여기에서 자음은 C(Consonant), 모음은 V(Vowel), 활음은 G(Glide)로 나타내기로 한다.

① V(모음): 아, 우
② GV(활음+모음): 야, 유
③ CV(자음+모음): 가, 도
④ CGV(자음+활음+모음): 갸, 과
⑤ VC(모음+자음): 악, 운
⑥ GVC(활음+모음+자음): 약, 열
⑦ CVC(자음+모음+자음): 각, 물
⑧ CGVC(자음+활음+모음+자음): 곽, 별
⑨ VG(모음+활음): 의

활음과 모음의 결합인 이중모음이 중성 자리에 오는 것을 단모음이

중성 자리에 오는 것과 합치면 다음과 같이 네 개의 음절 구조 유형이
가능하다고 할 수 있다.

① V(모음): 아, 우, 야, 유
② CV(자음+모음): 가, 도, 혀, 봐
③ VC(모음+자음): 악, 운, 얍, 영
④ CVC(자음+모음+자음) : 답, 꿈, 별, 활

한국어의 음절 구조 제약

초성, 중성, 종성에 음소들이 연결되어 음절을 구성할 때, 초성, 중성,
종성에 어떤 음소가 연결될 수 있는지, 몇 개의 음소가 연결될 수 있는
지는 언어마다 다르다. 'milk'의 영어 음절 구조와 한국어 음절 구조를
생각해 보자.

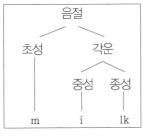

'milk'의 음절구조

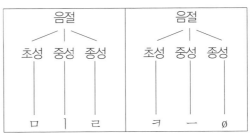

'밀크'의 음절구조

영어에서 'milk'는 한 음절로 인식되는데 이 때 'lk'라는 두 자음은 '종
성'에 연결되어 있다. 즉 영어는 종성의 위치에 두 개의 자음이 오는 것
을 허용한다. 그러나 한국어는 종성의 위치에 두 개의 자음이 오는 것
을 허용하지 않는다. 그래서 영어에서 '종성'에 연결되었던 'lk'가 한국어

에서는 다른 음절, 다른 위치에 위치하게 된다. 'l'은 첫 음절의 종성에, 'k'는 두 번째 음절의 초성에 위치하게 된다.

이처럼 각 언어가 가지고 있는 음절 구성의 특징을 음절 구조 제약 (syllable structure constraint, 音節 構造 制約)이라고 부른다. 한국어의 대표적인 음절 구조 제약은 다음과 같다.

> ① 초성 제약: 초성에는 하나의 자음만 올 수 있다. 자음 'ㅇ'[ŋ]은 초성에 올 수 없다.
> ② 중성 제약: 모음만 중성이 될 수 있으며, 단모음이나 이중모음 중의 하나 만 올 수 있다.
> ③ 종성 제약: 종성에는 하나의 자음만 올 수 있으며, 그 자음은 'ㄱ, ㄴ, ㄷ, ㄹ, ㅁ, ㅂ, ㅇ'의 일곱 개다.
> ④ 초중성 연결 제약: 초성에 경구개음 'ㅈ, ㅊ, ㅉ'와 중성의 이중모음 'ㅑ, ㅕ, ㅛ, ㅠ, ㅖ'는 연결되지 않는다. (즉 '쟈'와 '쟈'는 글자로는 구별되지만 그 발음은 동일하다.)
> ⑤ 중종성 연결 제약: 중성에 이중모음 'ㅢ'가 오면 종성에는 자음이 올 수 없다.

음절 구조 제약 중 ③의 제약은 '흙, 값'과 같이 자음군을 가지고 있는 형태소들이 각각 [흑], [갑]으로 발음되는 것에 대한 이유를 제공해 준다. 즉 종성에 하나의 자음만 올 수 있다는 제약에 따라 자음군 중 하나만 발음 가능하게 되는 것이다. 물론 이 제약이 자음군을 이루고 있는 두 자음 중 어떤 것이 발음되고 어떤 것이 발음되지 않는지까지 결정하는 것은 아니다. 즉 'ㄹㄱ, ㅄ' 가운데 어떤 자음이 탈락하게 되는지 는 알 수 없지만 자음군을 이루는 두 자음 중 하나가 반드시 탈락해야 한다는 것은 한국어의 음절 구조 제약으로 인한 것이라는 의미이다.

또한 종성 제약은 받침에 ㅍ을 가진 '앞'이 왜 '앞입'으로 발음되는지를 설명해 준다. '앞이 뒤에 '이'가 오면 [아피]라고 발음되면서 '앞'은 [압]이라고 발음되는 것은 음절 종성에 일곱 개의 자음만 발음된다는 종성 제약에 따른 것이다.

음절 구조 제약과 발음 교육

  모국어와 목표어의 음절 구조 제약의 차이는 목표어의 발음 습득에 간섭을 일으킬 가능성이 높다. 일본어의 경우를 예로 들어 보자. 일본어는 기본적으로 CV 음절 구조를 가지고 있으며 우리의 종성에 해당하는 발음으로는 촉음(促音) /Q/(っ)와 발음(撥音) /N/ 두 가지밖에 없다. 주지하는 바와 같이, 이러한 일본어 음절구조의 특징으로 인하여 일본인 학습자들은 한국어의 종성 발음에 오류를 보인다. 즉 처음 한국어를 학습하는 경우 종성의 발음에 모음을 덧붙여 발음하는 오류를 보이는 것이다. 물론 이러한 오류는 한국어 학습의 초기에 나타나며 중급, 고급 학습자의 경우에는 이러한 오류가 확연하게 줄어든다.

  그런데 한국어 학습 기간이 상당히 길어져도 일본인 학습자가 잘 구별하기 어려운 발음이 있는데 그것은 한국어 종성의 'ㄴ, ㅁ, ㅇ' 발음이다. 일본어는 초성에서는 'ㄴ, ㅁ'이 각각 다른 소리로 구별되지만 종성에 있어서는 하나의 음소 /N/에 속하는 변이음으로 [n], [m], [ŋ]을 가지고 있으므로 한국어 종성의 'ㄴ, ㅁ, ㅇ'을 지각하기 어려운 것이다.

  중국어의 경우 음절 종성에 올 수 있는 자음이 [n], [ŋ] 두 가지뿐이다. 그러므로 한국어 학습 초기에 한국어의 종성 'ㄱ, ㄷ, ㄹ, ㅁ, ㅂ'의 발음에 어려움을 겪는다. 일본인 학습자의 경우는 한국어의 종성 발음에 모음을 덧붙여 발음하는 오류를 보인다면 중국인 학습자의 경우는 아예 종성을 생략하는 발음 오류를 자주 보인다.

위에 언급한 음절 구조 제약의 차이는 한국어 발음 교육에서 자주 언급되어 온 것이라고 할 수 있다. 그러나 이 음절 구조 제약 가운데 한국어 교육 현장에서 잘 언급되지 않는 것이 있는데 그것은 바로 ④초중성 연결 제약과 ⑤중종성 연결 제약에 대한 것이다.

초중성 연결 제약에 따르면 한국어 표기 '자, 쟈', '저, 져', '조, 죠', '주, 쥬' 등은 표기만 다를 뿐 발음상으로는 동일하게 [자], [저], [조], [주]로 발음된다. 그런데 실제 한국어 학습자들에게 물어 보면 이 사실을 전혀 모른 채 고급 수준의 학습자들도 여전히 '자, 쟈', '저, 져', '조, 죠', '주, 쥬'를 구별하여 발음하고 있다는 대답을 듣게 된다. 사실 외국인 학습자들이 계속 구별하여 발음하였다고 하더라도 한국어 모국어 화자는 이것을 구별하여 들을 수 없다. 한국어 음절 구조 제약으로 존재한다는 것이 그러한 발음을 구별하여 들을 수 없다는 의미인 것이다. 아마도 이것은 처음 한글 자모의 글자와 발음을 익힐 때에 '자, 쟈, 저, 져, 조, 죠' 등에 대한 발음 교육이 적절하게 이루어지지 않았기 때문일 것이다.

중종성 연결 제약에 의하면 '윈, 일, 윕' 등의 발음이 실제 발음에서 잘 나타나지 않는다. '협의는'을 줄여서 '협원'이라고 말할 때에는 [윈]이라는 발음이 나올 수 있으나 이것은 형태소와 형태소의 연결에서 나타나는 것이고 하나의 형태소 내부에서 '윈'과 같은 발음을 존재하지 않는다.

그런데 중종성 연결 제약과 관련지어서는 좀 다른 차원의 접근이 필요하다. 이중모음 '의' 뒤에 종성의 연결이 어렵다는 중종성 연결 제약에 대해 언급했으나 이것은 뒤집어서 생각한다면 다른 단모음과 종성의 연결은 큰 제약 없이 이루어진다는 것을 의미한다. 즉 한국어의 단모음 'ㅣ, ㅔ, ㅡ, ㅓ, ㅏ, ㅜ, ㅗ'와 종성의 'ㄱ, ㄴ, ㄷ, ㄹ, ㅁ, ㅂ, ㅇ'은 특별한 제약 없이 연결되어 발화 가능하다는 사실이다. 그러나 외국인 학습자의 모국어에 만약 한국어에 없는 중종성 연결 제약이 있다면 이는 한국어의 음절 발음에 영향을 미칠 가능성을 생각해 볼 수 있다. 그 대표적인 것이 중국인 학습자의 '뱅' 발음일 것이다. 중국인 학습자의 '학생' 발음을 들어보면 '생'의 발음 산출이 정확하게 이루어지지 않는 경우가 많다. 그런데 중국어의 모음에는 한국어의 'ㅐ' 단모음에 대응하는 모음이 존재한다. 또한 한국어의 연구개 비음 종성인 'ㅇ'에 해당하는 자음도 존재한다. 그럼에도 불구하고 '생'의 발음 산출이 제대로 이루어지지 않는 것은 비록 각각의 모음과 자음은 중성과 종성의 위치에 존재하지만 '뱅'이라는 중성과 종성의 연결이 중국어에 존재하지 않기 때문이다.

일반적으로 학습자의 발음을 진단할 때에 자음과 모음의 발음이 제대로 이루어지는지 음소 중심으로 진단을 하지만 위의 예에서 볼 수 있듯이 모국어와 목표어의 음절 구조 차이로 인해서 발음이 제대로 이루어지지 않는 경우가 있음도 항상 기억해야 할 것이다.

또한 한글 자모의 교육을 음절의 관점에서 보자면 일반적으로 한글 자모를 학습하면서 모음 단독의 음절, '자음+모음'의 음절, '자음+모음+자음'의 음절에 대한 교육은 순차적으로 이루어지고 있지만 '모음+자음' 즉 '중성+종성'의 연습은 따로 이루어지지 않고 있다. 그러나 한국어와 다른 언어의 음절구조 차이를 고려하면 '뱅', '셩', '견'과 같이 중성과 종성을 주고 초성을 넣어 발음하는 연습도 추가로 이루어질 필요가 있다.

음절 연결 제약

한국어는 음절의 구조에만 제약이 있는 것이 아니라 음절과 음절이 연결될 때에도 제약이 존재한다. 이것을 음절 연결 제약이라고 부르는데 이 가운데 일부를 제시하면 다음과 같다.[11]

(1) 자음으로 끝나는 음절형과 모음으로 시작하는 음절형은 그 연결에서 제약이 일어난다. 즉 종성의 자음이 뒤에 오는 음절의 초성이 된다. (예: 먹+어 [머거])

이것은 한국어만의 특수한 현상이 아니라 언어보편적인 현상이다. 즉 여러 언어에서 공통적으로 나타나는 현상이다.

(2) 자음으로 끝나는 음절과 자음으로 시작하는 음절이 연결될 때 제약이 있다.
① 장애음으로 끝나는 음절과 비음으로 시작하는 음절은 연결되지 않는다. 따라서 이 두 음절이 만나면 발음의 변동이 생긴다. 이 경우 앞 음절의 장애음이 비음으로 바뀐다.

예: 먹+는→[멍는], 잡+는→[잠는], 닫+는→[단는]

② 유음('ㄹ') 이외의 자음으로 끝나는 음절과 유음으로 시작하는 음절

---

11) 한국어 음운론에서는 음절 연결 제약과 음소 배열 제약을 엄밀하게 나누어 기술하기도 하는데 여기서는 그러한 구분 없이 음절 연결 제약에 포함시켜 서술하기로 한다. 이에 대한 기본적인 논의는 이진호(2014)를 참고할 수 있다.

은 연결되지 않는다. 따라서 이 두 음절이 만나면 발음의 변동이 생긴
다. 이 경우 앞 음절의 자음이 유음으로 바뀌거나 뒤 음절의 유음이 'ㄴ'
으로 바뀐다.

예: 반+론 → [발론], 능+력 → [능녁]

③ 'ㄱ, ㄷ, ㅂ'으로 끝나는 음절과 'ㄱ, ㄷ, ㅂ, ㅅ, ㅈ'으로 시작하는
음절은 연결되지 않는다. 따라서 이 두 음절이 만나면 발음의 변
동이 생긴다. 이 경우 뒤 음절의 평음 'ㄱ, ㄷ, ㅂ, ㅅ, ㅈ'은 경음
'ㄲ, ㄸ, ㅃ, ㅆ, ㅉ'으로 바뀌어 발음된다.

예: 먹+고 → [먹꼬], 잡+더라 → [잡떠라], 듣+지 → [듣찌]

이 책의 6, 7장에서 살펴보게 될 한국어 음운 변동의 대부분은 이러
한 음절 연결 제약에 의해 나타나게 된다.

■ 음절 연결 제약과 발음 교육

음절 연결 제약도 음절 구조 제약과 마찬가지로 한국어 발음의 고유
한 특성이 된다. 즉 위에 제시한 음절 연결 제약이 다른 언어에서도 반
드시 그러한 것은 아니라는 뜻이다. 그런데 이러한 음절 연결 제약은
한국어 모국어 화자에게 꽤 강력한 제약이라서 외국어나 외래어를 발
음할 때에도 이 음절 연결 제약이 영향을 미친다. 'nickname'과 같은 영
어 단어를 한국 사람은 흔히 [닝네임]이라고 발음하고, 'only'는 [온니] 또
는 [올리]라고 발음한다. 이러한 발음은 앞서 설명한 바와 같이 한국어

의 음절연결제약 (2) ①에 의한 것이다. 그러나 영어에는 이러한 음절 연결 제약이 존재하지 않아서 '-kn-'의 연결과 '-nl-'의 연결이 아무런 제약을 받지 않고 그대로 발음될 수 있다. 그렇다면 영어를 모국어로 하는 한국어 학습자들이 '먹는, 신라'와 같은 단어를 발음할 때 음절 연결 제약에 대한 학습이 이루어지지 않는다면 표기대로 발음하는 오류가 발생할 것이라고 예측할 수 있다.

한편 일본어의 종성에는 촉음(促音) /Q/(っ)와 발음(撥音) /N/ 두 가지밖에 없다. 그런데 이 두 음소의 발음은 뒤에 오는 음절 초성의 영향을 받는다.

> 예: 한잔 いっぱい[ippai], 도대체 いったい[ittai], 학교 がっこう[gakko]
> 신문 しんぶん[simbun], 선생님 せんせい[sensei], 은행 ぎんこう
> [giŋkʾo]

즉 뒤에 양순음이 오면 일본어의 촉음 /Q/와 발음(撥音) /N/은 양순음으로 발음되며, 치조 위치와 연구개 위치의 자음이 오면 촉음과 발음도 자동적으로 치조음과 연구개음으로 발음된다. 이러한 일본어의 음절 연결 제약은 한국어에서 조음 위치가 다른 종성과 초성의 연결의 발음에 간섭을 일으킬 수 있다. 예를 들어, '신년, 엄마'와 같이 '치조음+치조음', '양순음+양순음'의 연결은 일본어의 음절 연결에서도 가능한 발음이므로 발음에 어려움을 겪지 않는다. 그러나 '감기, 정도'와 같이 '양순음+연구개음', '연구개음+치조음'으로 그 조음 위치가 다른 두 자음이 연결되면 그 발음을 정확하게 내지 못하고 [강기], [전도]와 같은 발음 오류를 보이게 된다.

지금까지 살펴본 것처럼 한국어의 음절 구조는 다른 언어와 다른 특징을 보이고 있으며, 이러한 특징은 음절 구조 제약과 음절 연결 제약이라는 것을 통해 구체적으로 드러나게 된다. 자음과 모음이라는 분절음은 결국 음절이라는 단위를 통해서 발화로 실현된다는 점을 고려하면 음절을 단위로 이루어지는 발음의 지각과 산출 훈련이 한국어 발음 교육에서 좀 더 비중 있게 다루어질 필요가 있다. 지금까지 주로 음절의 종성 위치에서 발음되는 자음의 발음에 비중을 두어 교육이 이루어져 왔던 것에 더하여 중종성의 연결 제약과 같은 다른 음절 구조 제약이나 음절 연결 제약을 고려한 발음 연습 활동이 좀 더 고안되어야 할 필요가 있다. 그래야만 분절음 차원이 아닌 음절 차원에서 생기는 발음의 어려움을 해결해 줄 수 있을 것이다.

2. 한국어 음절 교육의 실제

음절의 제시 방안

종성 자음의 발음을 제시할 때도 초성 자음과 마찬가지로 역시 조음 기관 단면도를 통해 폐쇄가 이루어지는 부분이나 공기의 흐름을 보여주는 경우가 많다. 그러나 입술과 치아의 개방 상태나 혀의 움직임을 모두 보여주기는 쉽지 않다. 입술과 치아의 개방 상태는 교사가 직접 시범을 보일 수 있지만 구강 내에서 이루어지는 조음 과정을 직접 보여줄 수는 없기 때문에 치과에서 사용하는 치아 모형을 가지고 혀가 닿는 곳이나 혀의 움직임을 손으로 대신 표시해 주는 방법도 있다.

한국어의 종성은 다른 많은 언어들과 달리 불파되는 특징을 가지고 있으며, 그 수도 적지 않아서 학습자들이 곤란을 겪는 경우가 많다. 종성 발음의 정확도를 가름하는 가장 중요한 세 가지는 발음 완료 후의 입술의 개방 혹은 폐쇄, 치아의 개방 정도, 혀의 위치와 모양이다.

이 가운데 치아의 개방 정도는 자음의 발음에서 자주 언급되지는 않는다. 그런데 실제로 학습자들에게 양순음 'ㅁ'의 발음을 가르치면서 입술의 폐쇄만 언급하면 학습자들은 입술의 폐쇄와 함께 윗니와 아랫니도 함께 닫는 모습을 종종 보여 준다. 그러므로 입술의 개방 혹은 폐쇄와 치아의 개방 정도를 따로 분명하게 제시하여 줄 필요가 있다.

'ㄱ' 종성의 경우 입술과 치아가 완전히 개방되고 혀끝은 바닥에, 혀의 후설 부분은 연구개에 닿아 있어야 한다. 'ㅇ' 종성은 'ㄱ'과 입술, 치아의 개방 정도, 혀의 위치가 같지만 코로 공기가 나가는 것이 다르다. 교사가 자신의 코를 톡톡 치면서 'ㅇ' 종성 발음을 하게 하면 콧소리라는 것을 알려줄 수 있다. 'ㄷ' 종성의 경우는 입술은 개방되어 있어야 하지만 치아는 거의 닫혀 있어야 한다. 이때 혀끝은 윗니 뒤쪽에 닿아 있어야 하는데, 혀끝을 윗니 뒤쪽에 대는 것을 어려워하는 학습자는 처음에 혀를 치아로 살짝 무는 것부터 시켜도 좋다. 'ㄴ' 종성은 'ㄷ' 종성과 입술과 치아의 개방 정도, 혀의 위치는 같은데 'ㅇ' 종성처럼 코로 공기가 나가는 것이 다르다. 'ㅁ' 종성과 'ㅂ' 종성 발음은 입술은 완전히 폐쇄되고, 치아는 개방된다. 혀는 바닥에 닿아 있어야 한다. 'ㅁ'은 'ㅇ', 'ㄴ'과 같은 콧소리이다. 'ㄹ' 종성의 경우 치아와 입술이 모두 개방되어 있어야 하고 혀끝보다 살짝 뒤에 있는 혓날이 치경에 닿아 있어야 한다. 중국어권 학습자의 경우 혀끝을 세워 경구개에 가깝게 대는 경우가 많은데 혀끝이 아닌 혓날(그러기 위해서는 혀를 더 펴야 한다)을, 경구개보다 앞쪽인 치경에 댈 수 있도록 지도해야 한다. 입술과 치아가 개방된 상태이기 때문에 육안으로도 어느 정도 확인이 가능하다.

입술과 치아의 개방 상태, 혀의 위치를 알려준 후에는 종성 발음 후 이 세 가지가 끝까지 움직임 없이 고정되어 있는지 교사가 꼼꼼히 확인해야 한다. 입술을 개방한 상태로 마무리해야 하는데 다물거나 혀를 더 내미는 등의 오류를 범하는 경우가 종종 있기 때문이다.

◆ 음절 교육 활동 예

가. 음운 구별 연습: 목표 음운(종성) 두 소리를 듣고 같은지 다른지를 판단한다.

> * 다음을 듣고 두 소리가 같으면 O, 다르면 X 하세요.
> 앙-악   안-안   암-앙   알-알   암-압   안-압   알-압

나. 음절 연습: 목표 음운(종성)을 포함한 음절을 이용해 발음을 연습한다.

> * 다음을 듣고 따라 읽으세요
> 악까악까 악악 / 안나안나 안안
> 앋따앋따 앋앋 / 압빠압빠 압압

다. 음운 식별 연습: 목표 음운(종성)을 포함한 음절을 듣고 같은 소리를 고르는 연습을 순서에 따라 번호를 쓰는 것으로 형태를 조금 바꾼 것이다.

* 다음을 듣고 순서에 따라 번호를 쓰세요.

각 (　) 간 (　) 갇 (1) 갈 (　) 감 (　) 갑 (　)
돈 (　) 돎 (　) 돌 (　) 돋 (　) 돕 (　) 동 (1)

라. 동일 종성 찾기 연습: 음절 교육과 음절 발음 교육이 동시에 이루어질 때 할 수 있는 활동이다. 같은 소리가 나는 종성을 찾는 연습이다.

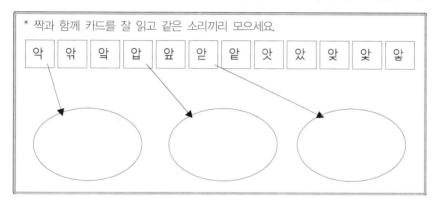

* 짝과 함께 카드를 잘 읽고 같은 소리끼리 모으세요.

악　앆　앜　압　앞　안　앝　앗　았　앚　앛　앟

마. 최소대립쌍 활용: 목표 음운(종성)을 포함한 최소대립쌍인 단어를 활용한 식별 및 발음 연습이다.

* 다음을 듣고 같은 소리를 고르세요.
* 다음을 듣고 따라 읽으세요.
 [손] 손/ 송/ 솜
 [열] 연/ 열/ 영
 [밭] 박/ 밭/ 밥
 [감] 간/ 감/ 강
 [집] 짓/ 짐/ 집
 [공장] 고장/ 공장/ 공자
 [학교] 하교/ 한교/ 학교

바. 단어 연습: 목표 음운(종성)을 포함한 단어 연습이다.

---

* 다음을 읽으세요.

[ㄱ] : 책 복 죽 밖 학교 호박 음악 어묵 부엌

[ㄴ] : 난 돈 만 산 라면 전시 연기 혼자 우산

[ㄷ] : 곧 낫 못 밭 빚 옷 꽃 팥 히읗 낱개 햇빛 꽃가게

[ㄹ] : 달 볼 팔 잘 둘 글 물 출구 서울 할머니 훌훌 벌레

[ㅁ] : 곰 남 밤 잠 춤 감기 심사 남자 구름 마음 엄마

[ㅂ] : 밥 앞 옆 집 합 곱빼기 답지 서랍 옆집 커피숍

[ㅇ] : 강 콩 동 방 정 사탕 공부 농부 고추장 옹기종기

사. 음절 연습: '중성과 종성'의 연결에 초점을 둔 식별 및 발음 연습이다.

---

* 짝과 함께 연습하세요.

'가'가 큰 소리로 두 번 읽으세요. '나'는 듣고 'ㄴ'과 'ㅇ' 중에 무엇이 있는지 고르세요.

	〈가〉		〈나〉
1.	영어	1.	'ㄴ' / 'ㅇ'
2.	연필	2.	'ㄴ' / 'ㅇ'
3.	경기	3.	'ㄴ' / 'ㅇ'
4.	견지	4.	'ㄴ' / 'ㅇ'
5.	안녕	5.	'ㄴ' / 'ㅇ'
6.	작년	6.	'ㄴ' / 'ㅇ'
7.	고령	7.	'ㄴ' / 'ㅇ'
8.	훈련	8.	'ㄴ' / 'ㅇ'
9.	발명	9.	'ㄴ' / 'ㅇ'
10.	라면	10.	'ㄴ' / 'ㅇ'
11.	물병	11.	'ㄴ' / 'ㅇ'
12.	변동	12.	'ㄴ' / 'ㅇ'
13.	대형	13.	'ㄴ' / 'ㅇ'
14.	현재	14.	'ㄴ' / 'ㅇ'

* 표 안에 〈보기〉와 같이 'ㅐ'과 'ㅇ'이 있는 글자를 쓰세요.
  그리고 친구와 빙고 게임을 하세요.

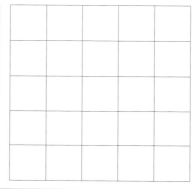

갱	쟁	생	랜	챙
캥	잰	갠	앵	탱
캔	앤	뱅	맹	밴
랭	낸	댄	냉	챈
탠	댕	샌	맨	행

아. 문장 연습: 목표 음운(종성)을 포함한 문장으로 연습한다.

* 다음 문장을 듣고 따라하세요.
  학교에 책밖에 없어요.
  혼자 심심해서 언니에게 문자 보냈어요.
  젓가락이랑 숟가락 좀 주세요.
  할머니의 팔을 베고 쿨쿨 잤어요.
  엄마가 감기에 걸려서 마음 아파요.
  집 근처 서점에서 엽서와 잡지를 샀어요.
  냉장고에 콩과 당근이 있어요.

자. 대화 연습: 목표 음운을 포함한 단어들을 이용해서 유의적 맥락에
서 대화를 연습한다.

---

* 다음 대화를 짝과 함께 읽으세요.

가: 어떻게 오셨어요?

나: 목이 아파서 왔어요.

가: 어떻게 아프세요?

나: <u>따끔따끔해요.</u>

1) 목/따끔따끔하다   2) 가슴/답답하다   3) 팔/찌릿찌릿하다

4) 귀/멍멍하다   5) 배/쿡쿡 쑤시다   6) 코/콧물이 줄줄 나다

---

* 다음 대화를 짝과 함께 읽으세요.

가: 주문하시겠어요?

나: 네, <u>짬뽕</u> 주세요.

1) 짬뽕 2) 된장찌개 3) 만두라면 4) 김치전 5) 보쌈 6) 매운탕

■ 음절 교육 교안 예시

주제	음절말 자음
학습 목표	음절말 자음의 소리를 구별하여 듣고, 발음할 수 있다.
학습 대상	초급 학습자

단계	내용	유의점
도입	〈종성 받아쓰기를 이용한 도입〉 : 종성이 포함된 음절을 듣고 종성 받아쓰기 [공, 닥, 손, 범, 밀] | 고	다	소	버	미 | 1. 교사: 여러분, 짝과 비교해 보세요. 　　　　같아요, 달라요? 2. 학습자가 받아쓴 음절이 무엇인지 질문하고, 학습자의 　　대답을 들으며 정답을 판서한다. 〈학습 목표 및 목적 제시〉 1. 교사: 한국어에 받침 소리가 7개 있어요. 배웠지요? 　　　　오늘은 받침 소리가 어떻게 달라요, 어떻게 읽어 　　　　요? 연습할 거예요.	
제시	〈조음 방법 설명하기〉 1. 조음기관 단면도와 교사의 시범으로 발음 방법 설명하기 　(1) 'ㄱ' 종성 [악]	

단계	내용	유의점
	교사: '악' 해 보세요. '악' 하고 그대로 멈추세요. 거울로 여러분의 입을 확인해 보세요. 이렇게 입술이 열려 있어요. 이도 열려 있어요. 혀의 앞은 바닥에, 뒤는 여기 그림처럼 위에 있어요. 다시 해 보세요, '악' 멈추세요. 움직이면 안 돼요. 입술을 닫으면 안 돼요. (2) 'ㄷ' 종성 교사: '앋' 해 보세요. '앋' 하고 그대로 멈추세요. 거울로 여러분의 입을 확인해 보세요. 이렇게 입술이 열려 있어요. 이는 아주 조금만 열려 있어요. '악'은 이렇게 많이, '앋'은 이렇게 조금 열려 있어요. 혀의 앞은 그림처럼 윗니에 붙어 있어요. 멈추세요. 움직이면 안 돼요. 입술을 닫으면 안 돼요. (3) 'ㄹ' 종성 	〉 학습자들이 '입술, 이, 혀' 등의 단어를 모를 수 있다. 따라서 설명 시 손가락으로 무엇을 말하는지 가리켜 줘야 한다. '열리다' 역시 손가락으로 여는 모양을 하며 뜻을 알려 줘야 한다. 〉 입술을 닫지 않아야 할 때 닫는 오류가 많이 발생한다. 습관적으로 입술을 다무는 학습자에게 검지와 중지로 입술을 살짝 눌러 다물어지지 않게 잡고 있게 한 후 연습시킨다.

단계	내용	유의점
	교사: '알' 해 보세요. '알' 하고 그대로 멈추세요. 　　거울로 여러분의 입을 확인해 보세요. 　　이렇게 입술이 열려 있어요. 이도 열려 있어요. 　　혀가 어디에 있어요? 윗니의 뒤에 있어요. 　　그런데 '앋'보다 더 뒤에 있어요. 　　그리고 (손가락을 구부려 혀의 모양을 만든다. 　　손가락 끝을 가리키며) 혀의 여기가 아니고 (손 　　가락의 지문 부분을 가리키며) 여기가 붙어 있어 　　요. 해 보세요, '알'. 　　'알', 더 뒤에, 조금 더 이 벌리고 '알', '알, 알 (4) 'ㅂ' 종성 교사: '압' 해 보세요. 　　거울로 여러분의 입을 확인해 보세요. 　　이렇게 입술이 닫혀 있어요. 이는 열려 있어요. 　　혀가 어디에 있어요? 혀는 그냥 바닥에 있어요. 　　해 보세요, '압'. (5) 'ㅇ, ㄴ, ㅁ' 종성 교사: '악' 해 보세요. 　　거울로 여러분의 입을 확인해 보세요. 　　그대로 (코를 손가락으로 톡톡 치며) 코로 소리 　　를 내 보세요. '앙' 　　'앋' 해 보세요. 　　거울로 여러분의 입을 확인해 보세요. 　　그대로 (코를 손가락으로 톡톡 치며) 코로 소리 　　를 내 보세요. '안' 　　'압' 해 보세요.	

단계	내용	유의점
	거울로 여러분의 입을 확인해 보세요. 그대로 (코를 손가락으로 톡톡 치며) 코로 소리를 내 보세요. '암'	
연습	〈발음 연습 1: 음절〉 : 듣고 따라하기 * 주의: 거울로 자신의 입 모양을 보며 연습하게 한다. 악까악까 악악 앋따앋따 앋앋 알라알라 알알 압빠압빠 압압 악악악 앙앙앙 앋앋앋 안안안 압압압 암암암 〈듣기 연습 1〉 듣고 순서에 따라 번호 쓰기 각( )　간( )　갇(1)　갈( )　감( ) 돈( )　돌( )　돌( )　돋(1)　돕( ) 〈듣기 연습 2 : 단어〉 : 듣고 같은 소리 찾기 [곡] 곡/ 공/ 곰 [연] 역/ 연/ 열 [밥] 반/ 밥/ 발 [산] 산/ 삽/ 상 〈발음 연습 2 : 단어〉 : 듣고 따라하기 [ㄱ] : 책 복 죽 밖 학교 호박 음악 어묵 부엌 [ㄴ] : 난 돈 만 산 라면 전시 연기 혼자 우산 [ㄷ] : 곧 못 밭 빚 꽃 팥 히읗 낱개 햇빛 꽃가게 [ㄹ] : 달 볼 팔 잘 둘 글 물 출구 서울 할머니 [ㅁ] : 곰 남 밤 잠 춤 감기 심사 남자 구름 마음 [ㅂ] : 밥 앞 옆 집 합 곱빼기 답지 서랍 옆집 [ㅇ] : 강 콩 동 방 정 사탕 공부 농부 고추장	

단계	내용	유의점
	〈발음 연습 3 : 문장〉 : : 밑줄 친 부분 주의해서 읽기 목감기에 걸려서 <u>약</u> 사러 가요. 노<u>란색</u> 우산 주세요. 생일에 꽃과 편지를 <u>받고</u> 싶어요. 할머니를 뵈러 서둘러서 서울까지 왔어요. 저 구름 모양이 <u>곰</u> 같아요. <u>옆</u> 가게에서 <u>엽서</u>와 잡지를 샀어요. <u>강낭콩</u>과 <u>당근</u>을 좋아하지 않아요. 〈유의적 맥락에서 연습하기〉 가: 무슨 음식 좋아해요? 나: (김치) 좋아해요. - 김치 된장국 감자탕 계란말이 김밥 오징어덮밥 제육볶음 라면 국수 떡볶이	〉 학습자들이 연습하는 동안 교사가 돌아다니면서 듣고, 오류를 수정하고, 칭찬을 통해 격려해 준다.
마무리	이번 시간에 학습한 것을 이해했는지 확인하고, 과제를 부여한다.	

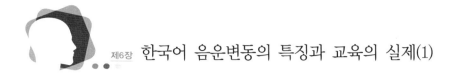

1. 한국어 음운변동의 특징

> **음운변동의 개념**

음운변동의 개념은 한국어 음운론의 영역에 속하지만 발음 교육을 위해서는 음운변동에 대한 지식을 다시 한 번 확인하고 갈 필요가 있다. 음운변동에 대한 기본 개념을 확인하면서 또 한 가지 염두에 둘 것은 한국어 음운론이 아닌 한국어 발음 교육론에서 이러한 음운변동 현상이 어떻게 다루어지고 있는가 하는 점이다. 또한 음운변동 현상 가운데 무엇을 어떻게 다루어야 하는가 하는 점도 생각해 보아야 한다. 이를 통해 한국어 발음 교육의 내용으로서 한국어 음운변동에 대한 시각이 좀 더 선명해질 수 있을 것이다.

먼저 다음의 예들을 통해 음운 변동의 개념을 확인해 보도록 하자.

ᄆᆞᅀᆞᆷ >마음 , 티다 > 치다
먹는[멍는], 닭 날개[당날개]
치과 치료를 **받는** 중이라 술을 **못 마셔요**.

형태소나 단어나 문장을 발음할 때 원래의 발음과 달라지는 현상을 음운현상이라고 하며 그 가운데 통시적(通時的)으로 일어난 음운현상을 음운변화, 공시적(共時的)으로 일어난 음운현상을 음운변동이라고 한다. 위의 예에서 중세국어의 '무숨, 티다'가 각각 현대 국어로 오면서 '마음, 치다'로 바뀐 것은 통시적으로 일어난 현상이므로 음운변화에 속하고, '먹-, 닭' 등이 '-는, 날개'와 결합하여 [멍는], [당날개]와 같이 발음이 바뀌는 것은 공시적으로 일어난 현상이므로 음운변동에 속하게 된다.

외국인 학습자의 경우 한글 자모를 익히면서 발음을 배우므로 표기와 발음이 일정 정도 상관 관계를 가지게 된다. 위의 예문에 나와 있는 '치과 치료를 받는 중이라 술을 못 마셔요.'라는 문장을 배우게 될 경우 표기와 다른 발음인 [치꽈], [반는], [몬마셔요]와 같은 발음은 따로 학습이 이루어지지 않으면 표기대로 읽게 되므로 이 지점에서 음운변동에 대한 교육이 필요함을 알 수 있다.

음운변동 교육의 중요성

주지하는 바와 같이 의사소통 중심의 외국어 교수법에서는 모국어 화자와 같은 발음보다는 이해명료성 쪽에 무게 중심을 두고 있다.12) 이러한 관점은 발음 교육의 목표에도 변화를 가져 와, 모국어 화자의 발음을 목표로 삼지 않고 어떤 발음이 의사소통 상황에서 이해가능한 그리고 적절한 발음인가에 초점을 두게 되었다(Dalton & Seidlhofer 2004:24-25). Dalton & Seidlhofer(2004:92)에서는 의사소통상의 중요성과 교수 가능성이 반비례

---

12) 이하에서 서술하고 있는 음운변동 교육의 위상에 대한 서술은 박기영(2009ㄱ)의 내용을 수정, 보완한 것이다.

관계에 있는 것 같다고 하면서 다음과 같은 그림을 제시한 바 있다.

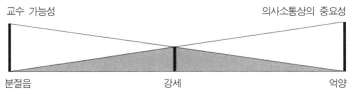

[그림 6.1] 발음의 교수가능성과 의사소통기능 중요성과의 관계

위의 [그림 6.1]은 영어의 분절음은 상대적으로 가르치기 쉽지만 의사
소통에는 덜 중요한 반면 억양은 의사소통에 있어서 매우 중요한 요소
이지만 가르치기는 어렵다는 것을 보여주기 위한 것이다. 그러면서 의
사소통상의 중요성과 교수 가능성이 최대로 겹쳐지는 영역이 바로 강
세임을 언급하고 있다. 영어 발음에 있어서 단어 강세는 분절음에 영향
을 미치고 문장 강세는 억양과 함께 중요한 정보를 전달하므로 효과적
인 발음 지도를 위해서는 강세에 대한 발음 지도가 중요하다는 것이다
(한종임, 2001:163).

그렇다면 한국어 발음 교육에 있어서 의사소통상의 중요성과 교수
가능성이 최대로 겹치는 영역에 어떤 요소가 자리할 수 있을까. 아마도
그 영역에 한국어의 다양한 음운변동이 자리 잡을 수 있지 않을까 생각
한다. 음운변동의 적용 단위는 단어를 기본으로 하면서 단어 내부의 분
절음의 연결에 변화를 가져온다. 즉 음소에 영향을 미친다. 또한 단어
의 경계를 넘어 구 혹은 문장의 발음에까지 영향을 미친다. 비음화를
예로 들어 생각해 보자. 비음화는 '한국말'과 같은 단어에서 'ㄱ+ㅁ'이라
는 분절음의 연쇄를 'ㅇ+ㅁ'이라는 분절음의 연쇄로 바꾸어 놓는다. 그
런가 하면 '밥 먹어'와 같은 문장에서는 이 비음화 현상이 단어의 경계

를 넘어서 적용되어 [밤머거]와 같은 발음의 변화를 가져오게 된다. 이
와 같이 음운변동은 의사소통상의 중요성과 교수 가능성이 최대로 겹
쳐지는 영역에 자리잡고 있다.

정명숙(2008:361-365)에서 이루어진 실험의 결과는 단어 경계를 넘어서
적용되는 음운변동이 유창성, 이해명료성과 관련이 있을 수 있음을 간
접적으로 암시해 주고 있다. 정명숙(2008:361-365)에 의하면 학습자들은 대
체로 억양, 끊어 읽기, 발화 속도 등의 초분절적 요소에 대한 평가에서
높은 점수를 받았을 때 유창성에 대한 인상적인 평가에서도 높은 점수
를 받았다고 한다. 여기에서 우리가 주목하는 바는 '끊어 읽기'라는 평
가 요소이다. 정명숙(2008:357)에서는 '한숨에 발화해야 할 것을 끊어서
발화했을 때 유창성이 떨어진다는 인상을 줄 뿐만 아니라 의사소통에
장애 요소가 되기도 한다'고 언급하고 있다.[13]

물론 '끊어 읽기'는 텍스트를 단위로 하여 이루어진 것이므로 발음 자
체보다는 낭독에 초점이 있다고 할 수 있다. 그러나 문장을 단위로 발
화가 이루어질 때 끊어 읽기의 지점과 음운변동이 적용되어야 할 단어
경계가 겹치는 경우도 생각할 수 있을 것이다. 예를 들어 정명숙(2008:
355)의 실험 자료 중 '쥐가 조용조용 먹을 걸 가지고 나가려고……'와 같
은 문장에서 '먹을#걸' 사이의 휴지가 끊어 읽기의 오류 지점이 된다면
경음화가 당연히 일어나야 할 환경임에도 일어나지 않게 됨으로 유창
성이 떨어진다는 인상을 가질 수밖에 없을 것이다.[14]

---

13) 이와 더불어 중국인 학습자가 모어의 간섭으로 인해 보여주는 두 음절씩 끊어서 발음하
   는 경향도 '끊어 읽기'의 내용으로 포함시키고 있다.
14) 그러나 그렇다고 하여 '끊어 읽기'와 '단어 경계를 넘어선 음운 규칙의 적용'이 동일한 범
   주에 포함되어 교육되어야 할 것인가에 대해서는 아직 분명하게 이야기하기는 어렵다.
   이에 대해서는 '낭독'과 '발음'에 대한 연구가 더 진행되어야 할 것이다.

단어 경계를 넘어서 적용되는 음운변동이 유창성과 관련을 맺는다는 또 다른 증거로서 영어의 연결 현상(linkage or connected speech)을 예로 들 수 있을 것이다.15) Nasr(1997:61)에서는 유창성에 대해 언급하면서 어떤 언어들은 유창하게 말할 때 연결 현상이 일어나게 되는데 이러한 연결 현상들은 단어의 경계를 인식하기 어렵게 하며 음운의 동화나 탈락이 일어나게 된다고 기술하고 있다.

한국어의 경우 이러한 음운 연결에 의한 음운 변동이 다른 언어보다 더 뚜렷하고 빈번하게 나타남은 주지의 사실이며 이것이 단순히 의사소통상의 중요성의 문제만이 아니라 유창성과도 연관성을 맺는다는 것을 뒷받침해주는 논거라고 할 수 있을 것이다.

이와 같은 논의를 바탕으로 하여 한국어 발음 교육에 있어서 음운변동이 교수가능성, 의사소통상의 중요성과 관련하여 갖는 관계성을 우리는 [그림 6.1]을 변형시켜 다음과 같이 나타낼 수 있을 것이다.

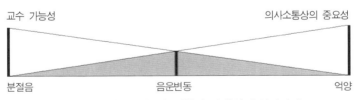

[그림 6.2] 음운 변동과 정확성, 유창성의 상관관계

위의 [그림 6.2]는 [그림 6.1]의 '강세'가 차지하는 자리에 '음운변동'을 놓은 것이다. 즉 이 그림은 한국어 발음 교육에 있어서 '교수 가능성'과

---

15) 이것을 '연음'이라고 번역한 경우도 있으나 한국어의 연음 규칙과 혼동될 염려가 있어 '연결 현상'으로 잠정적으로 번역하여 사용하기로 한다.

'의사소통상의 중요성'이 최대로 겹쳐지는 영역이 바로 음운변동이라는 것을 보여주는 것이다.16)

한국어 발음 교육이 다른 외국어의 발음 교육과 다른 점은 바로 이처럼 음운변동이 발음 교육에 있어서 상대적으로 중요한 위치를 차지하고 있다는 점이라 할 수 있을 것이다.

2. 한국어 발음 교육에서의 음운변동의 위상

■ 음운변동의 유형

한국어의 음운변동 현상은 바뀌는 양상에 따라 크게 대치, 탈락, 첨가, 축약, 도치로 나눌 수 있다. 어떤 음소가 다른 음소로 바뀌는 것을 대치(代置, substitution)라고 한다. 어떤 음소가 없어지는 것을 탈락(脫落, deletion), 없던 음소가 새롭게 들어가는 것을 첨가(添加, insertion)라고 한다. 그리고 두 음소가 합쳐져서 새로운 음소로 바뀌는 것을 축약(縮約, contraction), 두 음소가 서로 자리를 바꾸어 나타나는 것을 도치(倒置, metathesis)라고 한다. 이 가운데 도치는 가장 드물게 나타나는 음운현상이며 현대 한국어에서 그 예를 찾기 어렵다. 도치를 제외한 음운변동의 유형을 기준으로 하여 한국어 음운변동의 목록을 제시하면 다음과 같다.17)

---

16) 물론 이것은 발음의 교수가능성과 의사소통상의 중요성이라는 것이 영어와 한국어에서 동일하게 반비례관계에 있음을 전제로 한 것이다.

17) 이 음운변동의 목록 속에 포함되어 있지 않은 음운변동도 있다. 예를 들어 사잇소리 현상과 관련하여 한국어 음운론에서는 'ㄷ 첨가'라는 음운변동을 설정하기도 한다. 그러나 여기서는 한국어 발음 교육의 내용으로 삼을 가능성이 있는 것들을 살펴보는 것이 목적이므로 모든 음운변동의 목록을 망라하지는 않았다.

[표 6.1] 한국어의 음운변동

유형	자음 관련 음운변동	모음 관련 음운변동
대치	평폐쇄음화, 비음화, 유음화, 치조비음화, 조음위치동화, 경음화, 구개음화	움라우트, 모음조화, 활음화
탈락	ㅎ탈락, 자음군단순화, 동일조음위치 장애음 탈락	ㅡ 탈락, 동모음 탈락, 활음 j 탈락, 활음 w 탈락
첨가	ㄴ첨가	활음 j 첨가, 활음 w 첨가
축약	ㅎ축약	ㅝ 축약

위의 음운변동 현상들이 한국어 발음 교육론에서 어떻게 다루어지고 있는지 혹은 다루어져야 하는지에 대해 살펴보도록 하자. 한국어 음운론의 음운변동 현상이 한국어 발음 교육에서 동일한 위상을 가지지는 않는 것으로 보인다. 대체적으로는 한국어 음운론에서 다루고 있는 음운변동의 지식을 바탕으로 한국어 발음 교육이 이루어지게 되지만, 어떤 음운변동 현상은 한국어 발음 교육에서 음운변동이 아닌 다른 모습으로 다루어질 수도 있고 또 어떤 음운변동 현상은 다룰 필요가 없는 경우도 있다. 그런가 하면 어떤 음운변동 현상은 단순히 다룰 필요가 없는 것이 아니라 그것을 제시하는 것이 특정 언어권 학습자에게 부정적인 영향을 미치는 경우도 있을 수 있다. 그러므로 한국어 음운론에서 충분히 논의된 음운변동 현상이라고 할지라도 한국어 발음 교육론의 관점에서 이 음운변동 현상들을 다시 한 번 살펴볼 필요가 있을 것이다. 한국어 발음 교육의 내용으로 의미가 있는 음운변동 현상은 추후에 자세히 다루게 될 것이므로 여기에서는 한국어 음운론과 한국어 발음 교육론에서 그 위상이 달라지는 음운변동 현상을 중심으로 살펴보도록 한다.

■ 모음 관련 음운변동

우선 모음 관련 음운변동 현상들은 한국어 발음 교육에서 거의 다루어지지 않는다. 가장 큰 이유는 모음 관련 음운변동의 경우 그 결과가 이미 한국어 표기에 반영되어 있기 때문이다. '따라(따르+아), 잠가(잠그+아)' 등의 ㅡ 탈락 현상, '가(가+아), 서(서+어)' 등의 동모음 탈락 현상들이 그 예가 될 수 있을 것이다. 또한 이러한 현상들은 대부분 용언 어간의 모음을 대상으로 하고 있어 한국어 교육 현장에서 발음 교육의 내용으로 다루어지기보다 용언 어간의 활용에 대한 교육에서 다루어지고 있다.

표기에 반영되지 않은 모음 관련 음운변동들은 그 자체로 수의적인 현상이다. '되어, 뛰어' 등에 활음 j 첨가 현상이 적용되면 [되여], [뛰여]로 발음되는데 이 활음 j 첨가는 수의적인 현상이어서 이 음운변동이 적용되지 않은 발음인 [되어], [뛰어]로 발음이 이루어져도 의사소통에 장애를 가져오지 않는다. 즉 이해명료성에 미치는 영향이 거의 없는 음운변동 현상이라고 할 수 있다. 따라서 모음 관련 음운변동 현상은 한국어 발음 교육의 내용으로서 다루어지기보다 오히려 용언 어간의 활용 양상에 대한 교육 등에서 다루어질 가능성이 높다.

자음 관련 음운변동 현상은 대치, 탈락, 첨가, 축약으로 나누어 한국어 음운론과 한국어 발음 교육론에서 그 위상이 다른 음운변동 현상들을 좀 더 자세히 살펴보도록 하자.

■ 자음 관련 음운변동1: 대치

대치는 어떤 한 소리가 다른 소리로 바뀌는 음운현상이다. 한국어의 자음 관련 대치 현상에는 평폐쇄음화, 비음화, 유음화, 치조비음화, 조

음위치동화, 경음화, 구개음화 등이 있다. 이 가운데 평폐쇄음화, 조음
위치동화, 구개음화는 한국어 음운론과 발음교육론에서 그 위상이 좀
다른 것으로 보인다.

평폐쇄음화는 음절 종성 위치에서 폐쇄음, 파찰음, 마찰음이 평폐쇄
음 'ㄱ, ㄷ, ㅂ' 중의 하나로 바뀌는 현상이다. 이 현상에 의해 '옷, 빛,
꽃, 밖, 끝, 잎' 등이 '[옫], [빋], [꼳], [박], [끋], [입]'으로 발음된다. 그런데
평폐쇄음화는 한국어 음운론에서 음운변동 현상에 속하지만, 외국인 학
습자들은 이 현상을 음운변동으로 배우기보다 한국어 자모와 발음을
학습하는 과정에서 받침에 오는 자음의 발음으로 배우고 있다. 그러므
로 외국어로서의 한국어 발음 교육론에서 음운변동으로 다루어지지는
않는다.

조음위치동화는 종성 자음의 조음 위치가 뒤에 오는 초성 자음의 조
음 위치로 바뀌는 현상으로, 연구개음화와 양순음화가 있다.

> 예) 연구개음화의 예: 듣고[득꼬], 반가워[방가워], 잠깐[장깐]
> 양순음화의 예: 신문[심문], 한 번[함번]

조음위치동화를 보이는 발음은 표준 발음으로 인정되지는 않지만 현
실 발음에서는 자주 일어나는 동화 현상이다. 그런데 이 음운변동을 적
용하여 발음하거나 적용하지 않고 발음하거나 의사소통의 이해명료성
에 거의 영향을 미치지 않는다. 그러므로 한국어 발음 교육의 교육 내
용으로 반드시 포함될 필요는 없다. 다만 이러한 음운변동 현상의 존재
는 외국인 학습자에게 표준 발음으로의 교육 즉, [듣꼬], [신문] 등의 발
음을 지나치게 정확하게 발음하도록 지도할 필요는 없다는 것을 암시
해 준다.

구개음화는 치조음 'ㄷ, ㅌ'이 뒤에 오는 '이' 또는 활음 'j'의 영향을 받아 'ㅈ, ㅊ'으로 바뀌는 현상이다. '끝'에 조사 '-에, -을'이 오면 [끄테], [끄틀]로 발음되지만 '-이'가 오면 [끄치]로 발음되는 것이 대표적인 예라고 할 수 있다. 이 구개음화 현상에 대해 한국어 음운론에서는 대체로 앞서 언급한 통시적인 음운변화로 보고 공시적인 음운변동 현상으로 인정하지 않는다. 한국어 발음 교육론에서는 여전히 음운변동의 교육 내용으로 보고 있는 경우가 대부분인데 과연 구개음화를 음운변동의 하나로 교육하는 것이 가능한 것인가 하는 점에 의문이 든다. 장향실(2008)에서도 구개음화를 규칙화하는 어려움을 기술하면서 주격조사와 결합하는 환경에서의 구개음화는 규칙화하여 제시하고 접미사 환경에서 일어나는 구개음화는 단어별로 습득하도록 하는 방법을 제안하고 있다.

그런데 주격조사와 결합하는 환경에서의 구개음화를 규칙화하여 제시하는 방법도 재고의 여지가 있다. 우선 이 규칙의 적용 대상이 되는 단어들의 수가 매우 적다. 규칙의 환경이 되는 주격조사를 초급 단계에서 학습하고 주격조사와의 결합이 생산적인 것은 분명하지만 치조음 'ㄷ, ㅌ'를 말음으로 가지는 체언의 수가 적으며 그 가운데 한국어 학습자가 높은 빈도수를 가지고 사용하게 되는 어휘는 더욱 적을 것이다. 또 한 가지 고려해야 할 것은 주격조사가 결합된 환경에서의 현실 발음이다. '끝+이, 밭+이'가 현실발음에서는 [끄치], [바치]가 아닌 [끄시], [바시]로 발음되는 경우가 많다. 이러한 점들을 고려하면 주격조사가 결합한 환경에서의 구개음화를 규칙화하여 제시하는 것이 과연 효율적인지 다시 한 번 생각하게 된다.

한편 경음화는 평폐쇄음 뒤의 경음화, 용언어간말 ㄴ, ㅁ 뒤의 경음화, 관형형 어미 '-(으)ㄹ' 뒤의 경음화, 한자어의 경음화라는 다소 성격이 다른 경음화 현상들이 한데 묶여 있는 음운변동이다. 이들 가운데 일부는 음운변동으로 다루기 어려운 경우도 있다. 이에 대해서는 7장에서 좀 더 자세히 다루게 될 것이다.

■ 자음 관련 음운변동 2: 탈락

어떤 음운이 어떤 요인에 의해 없어지는 것을 탈락이라고 한다. 한국어의 자음 관련 탈락 현상에는 ㅎ탈락, 자음군단순화, 동일조음위치 장애음 탈락 등이 있다.

이 가운데 자음군단순화에 대해서는 앞서 언급한 경음화와 마찬가지로 7장에서 좀 더 자세하게 언급하기로 하고 여기에서는 동일조음위치 장애음 탈락과 ㅎ탈락에 대해 살펴보기로 한다. 한국어 음운론에서 동일조음위치 장애음 탈락에 대한 설명은 동일한 조음 위치의 장애음이 연속될 때 이 연속된 장애음의 발음(먹꼬)과 선행하는 장애음이 탈락된 발음(머꼬)이 한국어 모어 화자에게는 동일하다는 것이다. 즉 '먹고'에 대해 [먹꼬]라고 발음하거나 [머꼬]라고 발음하거나 동일하게 지각된다는 것이다. 이것은 한국어 모어 화자의 발음에 있어서 이론의 여지가 없는 사실이다. 실험음성학적인 연구를 통해서도 이러한 사실이 입증된 바 있다.

그러나 이것은 한국어 모어 화자를 대상으로 한 논의이며 외국인 학습자를 대상으로 한 것은 아니므로 이 음운변동을 한국어 발음 교육의 내용으로 삼는 것에 대해서는 좀 더 신중한 접근이 필요하다. 왜냐하면 외국인 학습자에게 [먹꼬]의 선행하는 장애음 [ㄱ]은 후행하는 '고'의 [ㄱ]를 된소리로 발음하게 하는 데 있어서 중요한 역할을 할 수 있기 때문이다. 즉 [먹꼬]와 [머꼬]의 발음이 한국인 모국어 화자에게 동일하게 지각된다고 하더라도 [머꼬]로 발음을 표시하게 되면 [꼬]의 발음이 정확하게 산출되지 않을 가능성이 생기는 것이다. 다음 대화는 이러한 동일조음위치 장애음 탈락 환경에서 경음의 발음이 정확하지 않을 때 생길 수 있는 문제를 보여 주고 있다.

> 선생님: 주말에 뭐 했어요?
> 학　생: 경주에 **갔다[가다]** 왔어요.
> 선생님: 왜요?
> 학　생: 경주에 고향 친구가 있어서요.
> 선생님: 그런데 왜 **가다** 왔냐고요.
> 학　생: 고향 친구 만나러요.

　특정 언어권의 학습자에게 한정된 이야기일 수 있으나 [가때]의 [때]가 된소리가 아닌 [대]에 가깝게 발음되는 경우 '갔다 오다'와 '가다 오다' 사이의 의미 구별이 정확하게 이루어지지 않을 수 있음을 보여주고 있다. 동일 조음 위치의 장애음 탈락 현상은 분명히 실재하는 한국어 음운변동 현상이지만 한국어 발음 교육의 내용으로 제시하게 되면 특정 언어권의 학습자에게 오히려 의사소통에 장애를 일으킬 수 있으므로 충분히 주의할 필요가 있다.

　ㅎ탈락은 공명음과 모음 사이에서 'ㅎ'이 탈락하는 현상이다. 용언 어간말의 ㅎ탈락은 환경이 갖추어지면 예외 없이 적용되는 필수적인 규칙이지만 초성 ㅎ탈락은 수의적인 규칙이다.

> 예) 용언 어간말 ㅎ탈락: 좋아요[조아요], 좋으면[조으면]
> 　　초성 ㅎ탈락: 시험[시험]~[시엄], 전화[전화]~[저놔], 올해[올해]~[오래]

　용언 어간말의 ㅎ탈락을 음운변동 교육 내용에 포함시키는 것에는 이견이 없으나 초성 ㅎ탈락에 대해서는 비록 표준 발음은 아니지만 현실 발음을 중시하는 입장에서 교육 내용에 포함시키는 경우도 있고, 규칙의 수의성을 근거로 교수-학습이 불필요한 것으로 보는 경우도 있다. 수의적인 규칙이면서 표준 발음에 포함되지 않는다는 점에서 초성 ㅎ 탈락은 앞서 다룬 조음위치동화와 비슷하다. 다만 조음위치동화는 한국어 교재나 교육 현장에서 적극적으로 다루어지지 않는 것에 반해 초성 ㅎ 탈락은 상대적으로 자주 언급된다는 차이점이 있다. 아마도 이것은 초성 'ㅎ'이 탈락 가능한 환경에서 'ㅎ'을 유지한 채 발음하는 것보다 'ㅎ'을 탈락시킨 발음이 더 자연스러운 한국어 발음이라고 인식되기 때문이 아닌가 한다.

　그런데 초성 ㅎ탈락의 경우, 그것을 적용시킨 발음 표시인 [시엄], [저눠], [오래] 등을 외국인 학습자에게 제시해 주고 따라 하게 하면 'ㅎ'이 탈락된 음절을 강조하여 발음함으로써 오히려 더 부자연스러운 발음을 산출하게 되는 경우를 종종 보게 된다. 그렇다고 초성 ㅎ 탈락을 교육 내용에 포함시키지 않는다면 그것은 그것대로 자연스러운 한국어 발음에서 멀어지는 것처럼 보인다. 예를 들어 '희한해'와 같은 발음의 경우 세 번째 음절의 'ㅎ'은 탈락을 시켜 발음하거나 탈락을 시키지 않고 발음을 해도 자연스러움에 방해가 되지는 않으나 두 번째 음절의 'ㅎ'은 탈락을 시키지 않고 발음하게 되면 자연스러운 한국어 발음에서 멀어지는 것이 분명해 보인다.

　결국 초성 ㅎ탈락은 비록 수의적인 규칙이기는 하나 자연스러운 한국어 발음의 구사를 위해서는 그것을 제시함에 있어서 'ㅎ'이 완전히 탈락하는 것이 아니라 약화되어 발음된다는 것을 학습자가 인식할 수 있도록 하는 방법이 필요하지 않을까 한다. 사실 이미 수업 현장에서는 초성 ㅎ탈락 현상을 학습자에게 제시할 때 'ㅎ'이 약하게 발음되는 것을 시각적으로 보여주기 위해 이 환경의 'ㅎ'을 희미한 색으로 처리하거나 점선으로 처리하여 학습자에게 제시하는 방식이 사용되고 있다.

앞서 살펴 본 다른 음운변동의 예들은 주로 한국어 발음 교육에서 한국어 음운론의 논의를 교육 내용으로 포함시키기 어려운 것에 대한 것이었다면 여기에서 다룬 초성 ㅎ탈락은 앞선 논의와 달리 한국어 음운론의 논의를 한국어 발음 교육에 알맞게 적용시켜야 하는 예라고 할 수 있을 것이다.

◢ 자음 관련 음운변동 3: 첨가

없던 음운이 새롭게 들어가는 것을 첨가라고 한다. 'ㄴ 첨가'는 자음과 관련된 대표적인 음운 첨가 현상이다. '한여름, 기본 요금'이 [한녀름], [기본뇨금]으로 발음되는 것이 그 예가 될 것이다. 그런데 이 ㄴ첨가는 적용되는 조건이 정해져 있다. ㄴ첨가의 조건은 다음과 같다.

> ㉠ 앞말이 자음으로 끝나는 형태소여야 한다.
> 예) 기침약[기침냑] / 감기약[감기약]
>
> ㉡ 뒷말이 모음 '이' 또는 활음 'j'로 시작하는 형태소여야 한다.
> 예) 색:-연필[생년필] / 색:안경[새간경]
>
> ㉢ 뒷말이 어휘형태소여야 한다.
> 예) 꽃-잎[꼰닙] / 꽃-이[꼬치]

하지만 위의 조건을 갖추고 있는 모든 환경에서 ㄴ 첨가가 일어나지는 않는다. '첫인상, 맛있다, 그림일기' 등은 위의 조건을 모두 충족시키고 있지만 [처딘상], [마싣따], [그리밀기]로 발음되어 ㄴ 첨가가 적용되지 않는다. 또한 방언이나 개인에 따라 ㄴ 첨가가 적용되기도 하고 적용되지 않는 경우도 있다. 예를 들면 경상도 방언 화자는 '금요일'을 [금뇨일]로 ㄴ 첨가를 적용하여 발음하는 것이 일반적이며, 고유명사인 '김유신'은 [기뮤신]이 표준 발음이나 개인에 따라 [김뉴신]으로 발음하는 경우도 많다.

이처럼 ㄴ 첨가는 수의적인 현상이며 개인에 따라 적용 양상에 차이가 나는 현상이므로 외국인 학습자가 ㄴ 첨가 규칙의 조건을 제대로 학습하더라도 ㄴ 첨가를 과잉 적용하여 발음 오류가 생길 가능성이 높다. 그러므로 ㄴ 첨가는 한국어 발음 교육에서 음운변동 규칙으로 다루기보다는 해당 단어별로 발음을 학습하는 것이 더 효율적인 것으로 보인다. 또한 음운변동 현상으로 가르치더라도 발화 산출의 측면보다는 한국어 모어 화자의 발음 이해라는 측면에서 접근하는 것이 더 바람직한 것으로 보인다.

■ 연음과 유성음화

우리는 앞서 한국어 음운론에서 다루는 음운변동 현상이 모두 발음 교육의 내용이 될 수는 없음을 살펴 보았다. 어떤 음운변동 현상은 음운변동 현상이 아닌 받침의 발음으로 다루어지고 있으며 어떤 음운변동 현상은 발음 교육보다는 용언의 활용 양상을 교수 학습할 때 문법적인 지식의 일부로 다루어지고 있음을 살펴보았다.

여기에 더하여 한 가지 더 생각해 볼 것은 한국어 음운론에서는 음운변동 현상으로 다루어지지 않지만 외국인 학습자에게 음운변동과 같은 방식으로 다루어야 하는 음성 현상과 관련된 것이다. 연음과 유성음화가 여기에 해당한다.

'집에[지베], 앞을[아플], 먹어요[머거요], 씻어요[씨서요]'의 발음에서 보듯이 한국어에서 후행하는 음절이 모음으로 시작할 때 선행 음절의 종성은 뒤 음절의 초성으로 옮겨져 발음하게 된다. 이것을 연음 현상이라고 한다. 한국어 학습의 초기에 표기와 발음을 동시에 배우게 되는 외국인 학습자들은 한 글자 한 글자를 각각 하나의 음절로 읽게 되므로 연음 현상에 대한 교육이 필요하게 된다.

이 가운데 '앞을, 씻어요'는 발음의 변화 없이 단지 앞 음절의 종성에서 발음되던 자음이 뒤 음절의 초성으로 옮겨져 발음되는 것이다. 그런데 '집에, 먹어요'는 연음이 이루어지면서 유성음화 현상도 일어나게 된다. 유성음화는 한국어 평음 'ㄱ, ㄷ, ㅂ, ㅈ'이 유성음의 환경에서 유성음으로 발음되는 것을 가리키는데, 한국어에서는 유성/무성의 대립을 가지고 있지 않으므로 이를 음운변동 현상으로 다루지 않고 변이음 규칙으로 다룬다. 고기[kogi]의 [g] 발음은 일반적으로 /ㄱ/라는 음소의 변이음 실현 양상을 기술할 때 언급되는 내용이다. 그러나 만약 유성/무성의 대립을 가지고 있는 언어를 모국어로 하는 외국인 학습자가 있다면 이러한 한국어의 유성음화는 변이음의 실현이 아닌 음소가 바뀌는 것으로 인식될 수 있다. 그렇다면 이것을 음소로 인식하는 외국인 학습자는 유성음화를 음운변동 현상으로 인식할 수 있으므로, 음운변동 현상의 하나로 다루어야 할 수도 있다. 그러므로 연음과 더불어 유성음화 현상은 한국어 음운론에서 음운변동 현상으로 다루어지지 않지만 한국어 발음 교육에서는 음운변동과 함께 다루어질 필요가 있다.

한국어 발음 교육론에서의 음운변동

지금까지 한국어 음운론과 한국어 발음 교육론에서 그 위상이 달라질 수 있는 음운변동 현상에 대해 살펴보았다. 지금까지 살펴본 내용을 토대로 외국어로서의 한국어 발음 교육에서 다룰 필요가 있는 음운변동의 목록을 제시하면 다음과 같다.

> 대치: 비음화, 유음화, 치조비음화,
> 　　　 경음화(평폐쇄음 뒤의 경음화, 용언어간말 비음 뒤의 경음화, 관형형
> 　　　 어미 '-(으)ㄹ' 뒤의 경음화)
> 탈락: 자음군단순화, ㅎ탈락
> 축약: ㅎ축약
> 음운변동은 아니나 음운변동과 함께 다루어야 하는 현상: 연음(유성음화)

음운변동의 제시 순서

우리는 지금까지 한국어 음운변동 현상 가운데 외국인 학습자에게 무엇을 가르칠 것인가에 대해서 살펴보았다. 이제 이러한 음운변동 현상 가운데 무엇을 '먼저' 가르칠 것인가에 대해 살펴보고자 한다. 이것은 음운변동 현상의 제시 순서와 관련된 질문이라고 할 수 있다. 기존의 논의에서 보여 준 음운변동 현상의 제시 순서 중 일부를 보이면 다음과 같다. 음운변동을 가리키는 용어는 임의로 통일하였다.

[표 6.2] 음운변동의 제시 순서

김형복(2004)의 기준: 기초가 되는 것, 단순한 것, 많이 사용되는 것	평폐쇄음화 → 자음군단순화 → 연음 → ㅎ탈락 → 경음화 → 비음화 → ㅎ축약 → 구개음화 → 유음화 → ㄷ첨가
김영선(2006)의 기준: 규칙의 성격(필수적/임의적, 보편적/한정적)	(받침의 발음) → 연음 → 평폐쇄음화 → 자음군단순화 → ㅎ탈락 → ㅎ축약 → 경음화 → 비음화 → 조음위치동화 → 구개음화 → 유음화 → ㄷ첨가
신지영 외(2015)의 기준: 난이도, 사용빈도, 일반화 가능성	연음 → 장애음 뒤 경음화 → ㅎ축약 → 장애음의 비음화 → 유음화 → 치조비음화 → 동일 조음 위치 장애음 탈락 → ㅎ탈락 → 어간말 비음 뒤 경음화 → 구개음화 → 관형형 (-을) 뒤의 경음화

기존의 논의들을 보면 우선 앞서 한국어 음운론과 한국어 발음 교육론에서의 위상이 다른 것으로 언급된 것이 포함되어 있음을 알 수 있다. 이 부분에 대해서는 앞서 자세히 설명하였으므로 더 언급하지 않기로 한다. 다만 비음화와 치조비음화에 대해서는 약간 보충 설명이 필요하다.

비음화의 경우, 장애음의 비음화(예. 먹는[멍는], 잡는[잠는], 닫는[단는])와 치조비음화(예. 심리[심니], 승리[승니], 독립[동닙])가 있는데, 위에서 제시했던 김형복(2004)의 경우에는 비음화에 장애음의 비음화와 치조비음화를 모두 포함시켜서 음운변동의 순서 제시에 넣고 있고 신지영 외(2015)의 경우에는 이 둘을 따로 제시하고 있다. 각 언어권별 음운변동의 오류 양상을 살펴본 기존의 논의들 가운데에도 비음화의 오류 양상을 살펴볼 때 이 두 비음화를 하나로 묶어서 살펴보는 경우와 그렇지 않은 경우가 섞여 있다. 아마도 이것은 음운론에서 치조비음화를 바라보는 서로 다른 두 주장 중 하나를 취해서 논의를 진행하였기 때문이라고 생각된다. 그러나 장애음의 비음화와 치조비음화는 그 적용 환경이나 변동되는 음이 다르므로 외국인 학습자에게 하나의 규칙으로 가르치는 경우는 없다는 점을 생각하면 기존의 연구들에서 비음화의 습득 양상을 논의할 때 이 두 규칙을 하나로 묶어 살펴본 것에 대해서는 좀 더 생각해 볼 필요가 있을 것이다.

　음운변동의 제시 순서에 대한 논의로 다시 돌아가 보자. 위의 표를 통해 우리가 확인할 수 있는 것은 부분적으로 음운변동의 제시 순서에 대한 경향성을 파악할 수는 있으나 하나의 통일된 음운변동 제시 순서를 정하는 것은 쉽지 않다는 사실이다. 대체적인 경향성이라 함은 외국인 학습자가 처음 한글 자모를 학습할 때 관여하는 음운변동 현상인 평폐쇄음화(종성의 발음), 연음, 자음군단순화 등이 음운변동의 제시 순서 가운데 앞부분에 자리한다는 점이다. 신지영 외(2015)에서는 평폐쇄음화, 자음군단순화가 빠져 있으나 이는 우리가 앞서 살펴본 대로 평폐쇄음화와 자음군단순화는 종성의 발음에서 다루어지므로 한국어 발음 교육에서 음운변동 현상으로 취급하지 않는다는 관점을 취했기 때문이다.

　그 이외의 음운변동 현상들에 대해서는 통일된 하나의 제시 순서를 제시하는 것이 쉽지 않아 보인다. 그러나 다른 한편으로는 음운 변동 현상에 대한 통일된 제시 순서라고 하는 것이 과연 반드시 필요한가 하는 의문이 생긴다. 한국어 교육 현장에서 주로 사용되는 한국어 통합교재에 이러한 음운규칙의 제시 순서가 충실하게 적용되기는 어렵다. 대부분의 통합교재는 해당 단원의 본문 대화에서 발음 교육의 내용을 선정하여 제시하는 경우가 많기 때문이다. 통합교재의 발음 제시 내용의 예를 서영(2015)에서 수정, 인용하여 제시하면 다음과 같다.

[표 6.3] 통합교재의 발음 제시 내용(서영 2015)

통합교재 A	받침규칙 → 형식형태소의 연음 → 장애음 뒤 경음화→ 장애음의 비음화(ㅂ+ㄴㅁ) → 격음화(ㄱㄷㅂ+ㅎ) → 겹받침의 연음(형식형태소) → 구개음화 → /ㄴ/첨가(이어서 발음하기) → /ㅎ/ 탈락(받침ㅎ+모음) → 필수적 /ㄴ/첨가 → /ㅂ/의 불규칙 활용 → /ㄹ/의 연속 → /ㄹ/의 첨가 → 격음화(ㅎ+ㄱㄷㅂ) → 유음의 비음화(ㅁㅇ+ㄹ) → 장애음의 비음화(ㄷ+ㄴㅁ) → 장애음의 비음화(ㄱ+ㄴㅁ) → 관형형 {-을} 뒤의 경음화 → 유음화(ㄴ+ㄹ) → /ㄷ/의 첨가 → 어간말 비음 뒤 경음화(받침/ㅁ/ 뒤에) → /ㅎ/ 탈락(어중/ㅎ/) → 유음화(ㄹ+ㄴ) → 한자어 경음화, ㄷ첨가(한자어나 합성어의 받침 /ㄹ/ 뒤에) → 어간말 비음 뒤 경음화 (받침ㄴ 뒤에) → 어간말 비음 뒤 경음화(받침/ㅇ/ 뒤에)
통합교재 B	(중급) 유음의 비음화(ㅁㅇ+ㄹ) → 구개음화→ 격음화 → /ㅎ/ 탈락→ 어간말 비음 뒤 경음화화(받침/ㅇ/ 뒤에) → 한자어 경음화(한자어 받침/ㄹ/ 뒤에) → 유음화 → 겹받침의 연음(형식형태소) → /ㄷ/ 첨가 → 장애음 뒤 경음화(/ㄱ/ 뒤에) → 장애음의 비음화(ㄷ+ㄴㅁ) → 필수적 /ㄴ/첨가 (고급) '의'의 두 가지 발음 → 유음의 비음화(ㄱ+ㄹ) → /ㄹ/의 연속 → /ㅎ/ 탈락→ /ㄷ/ 첨가 → 유음화 → 유음의 비음화(한자어ㄴ+ㄹ) → 어간말 비음 뒤 경음화(받침ㄴㅁ 뒤에), 한자어 경음화, ㄷ첨가(한자어나 합성어의 받침 ㄹ 뒤에) → 격음화

위의 두 교재는 음운변동의 제시에 있어 어떤 공통점이 보이지는 않는다. 이것은 앞서 언급한 이유로 인한 것이다.

비음화(먹는[멍는])와 용언어간말 ㅎ탈락(좋아[조아]) 가운데 무엇을 먼저 가르치느냐 하는 문제에 대해서 음운변동의 난이도를 기준으로 하여 비음화를 용언어간말 ㅎ탈락보다 먼저 가르쳐야 한다고 주장할 수 있다. 비음화는 특별히 형태 정보가 필요 없는 음운변동임에 반해 용언어간말 ㅎ탈락은 '용언 어간말'이라는 형태 정보가 필요한 규칙이므로 더 난이도가 높은 규칙이고 따라서 비음화보다 나중에 교수 학습이 이루어져야 한다는 것이다.

그러나 비음화는 선행 음절의 종성에 'ㄱ, ㄷ, ㅂ', 후행 음절의 초성에 'ㄴ, ㅁ'이라는 적용 환경이 필요하다. 이에 반해 용언어간말 ㅎ탈락

은 용언어간말의 ㅎ과 모음으로 시작하는 어미라고 하는 좀 더 단순한
규칙 적용 환경이 요구된다. 즉 음운변동이 순수하게 음운론적 환경만
을 요구하는지 아니면 다른 형태론적 정보를 요구하는지를 기준으로
삼는다면 비음화가 더 난이도가 낮은 음운변동이라고 할 수 있지만, 학
습자가 이 음운변동을 학습하는 측면에서 적용 환경의 단순성을 보자
면 용언어간말 ㅎ탈락의 경우가 좀 더 학습이 용이한 음운변동일 가능
성이 있는 것이다. 따라서 이 경우에 두 음운변동 가운데 어떤 것을 먼
저 학습해야 하는지를 논하는 것은 큰 의의를 가지지 못한다고 할 수
있다.

　그러나 모든 제시 순서가 의미가 없다고 할 수는 없을 것이다. 유음
화와 치조비음화의 경우를 생각해 보자. 유음화와 치조비음화는 그 적
용 환경이 겹치는 경우가 있다.[18)]

　　㉠ 대관령[대괄령], 삼천리[삼철리]
　　㉡ 생산량[생산냥], 결단력[결딴녁]
　　㉢ 음운론[으물론]~[으문논], 온라인[올라인]~[온나인], 신라면[실라면]~[신
　　　나면]

　즉 선행음절 종성의 'ㄴ'과 후행음절 초성의 'ㄹ'이 결합하는 경우가
두 음운변동의 적용 환경으로 겹치는 경우이다. ㉠은 유음화가 적용된
경우이고 ㉡은 치조비음화가 적용된 경우이다. ㉢은 유음화가 적용되
어 발음되기도 하고 치조비음화가 적용되어 발음되기도 하는 예이다.
비록 일부이기는 하지만 이렇게 적용 환경이 겹치는 경우 음운 변동의

---

18) 유음화와 치조비음화에 대해서는 장향실(2008ㄱ), 신지영 외(2015)에서도 이미 다루어진
　　바 있다.

제시 순서를 고려하지 않게 되면 학습자의 입장에서는 먼저 학습된 음운 변동 현상을 광범위하게 적용시키는 문제가 발생할 가능성이 있다. 이 경우에는 유음화를 치조비음화보다 먼저 제시하는 것이 좋다. 실제로 이 환경에서 유음화가 적용되는 단어의 비율이나 빈도가 훨씬 높으며 치조비음화가 적용되는 환경은 단순히 'ㄴ+ㄹ'이라기보다 '생산+량, 결단+력'과 같은 단어의 구조가 관여하는 경우가 많다. 그러므로 유음화가 치조비음화보다 먼저 제시되어야 좀 더 효율적인 음운 변동의 교육이 이루어질 수 있을 것이다.

또 한 가지 음운변동의 절대적인 제시 순서가 의미를 가지지 못하는 것은 음운변동은 한 번만 제시되는 것이 아니라 반복적인 제시가 필요하기 때문이다. 자음군단순화의 경우 한글 자모 교육에서 받침의 발음으로 초기에 학습되지만 그것으로 끝나는 것이 아니다. 받침의 발음으로는 아마 닭[닥], 값[갑]과 같이 명사 단독형으로 제시되어 배우게 될 것이다. 그러나 자음군단순화는 다른 음운변동과 함께 적용되는 경우가 많다. '값만[감만], 읽고[일꼬], 끓는[끌른]'의 예를 보면 알 수 있듯이 자음군단순화는 비음화, 경음화, 유음화와 함께 적용되는 음운변동 현상이다. 그러므로 자음군단순화는 받침의 발음 학습에서 한 번만 다루어지는 것이 아니라 다른 음운변동 현상을 배운 뒤에도 반복적으로 제시되어야 한다.

결국 음운변동의 제시 순서는 절대적으로 정해지는 것이 아니라 음운변동 간의 관련성에 따라 그 순서가 큰 의미를 가지지 못하는 경우도 있고, 필요한 것도 있다고 해야 할 것이다.

음운변동의 적용 범위

음운변동을 교육할 때 우리가 또 염두에 두어야 할 것은 음운변동 현상의 적용 범위이다. 비음화를 예로 들어 생각해 보자. 기본적으로 비음화는 형태소와 형태소가 만났을 때 일어난다.

예) 집+만→[   ], 먹-+-는→ [   ]

그런데 이 비음화는 형태소와 형태소가 만났을 때뿐만 아니라 단어와 단어가 만나 복합어를 형성할 때에도 적용된다. 그리하여 '밥+물', '앞+마당' 등이 각각 [밤물], [암마당]으로 실현된다. 또한 하나의 단어 경계를 넘어서서 휴지 없이 실현될 때에도 비음화는 실현된다. '밥 먹어요, 못 먹어요'와 같은 경우 일반적으로 휴지 없이 함께 발음될 때 [밤머거요], [몬머거요]와 같이 비음화가 적용된 발음이 실현되는 것이다. 그런데 외국인 학습자의 경우 '밥 먹어요, 못 먹어요'와 같이 표기에 띄어쓰기가 포함된 경우 휴지 없이 읽으면서 비음화를 적용시키기보다 끊어서 읽는 경우가 일반적이다. 끊어서 읽는 발음을 자연스럽고 유창한 발음이라 하기는 어렵다. 음운변동 현상을 가르치기 위한 교육 자료를 구성할 때에는 이와 같은 음운변동 현상의 적용 범위도 확인하여 자료 구성에 반영할 필요가 있다.

지금까지 한국어 음운론에서 다루어 온 음운변동 현상에 대해 한국어 발음 교육론의 시각에서 살펴본 것을 간단히 요약하면 다음과 같다. 한국어 음운론의 모든 음운변동 현상이 외국인을 위한 음운변동 교육의 내용이 되는 것은 아니며 음운변동이라고 볼 수 없는 연음은 오히려 음운변동 교육의 내용에 포함되어야 한다. 음운변동 교육의 순서는 한

가지 기준으로 결정되지는 않는다. 절대적인 교육 순서를 설정하는 것은 큰 의미를 찾기 어려우며 오히려 음운변동 사이의 관계를 고려하여 상대적인 교육 순서를 정하는 것이 좀 더 합리적이다. 음운변동의 발음 교육 자료를 구성할 때에는 음운변동의 적용 범위도 고려해야 한다.

제7장 한국어 음운변동의 특징과 교육의 실제(2)

제6장에서는 한국어 음운변동 현상에 대해 한국어 발음 교육론에서의 접근 방식이 어떠해야 하는가에 대해서 살펴보았다. 이를 통해 한국어 발음 교육론에서 외국인 학습자에게 교수 학습이 가능한 음운변동 목록에 대하여 다음과 같이 제시하였다.

대치: 비음화, 유음화, 치조비음화,
경음화(평폐쇄음 뒤의 경음화, 용언어간말 비음 뒤의 경음화, 관형형 어미 '-(으)ㄹ' 뒤의 경음화)

탈락: 자음군단순화, ㅎ탈락

축약: ㅎ 축약

음운변동은 아니나 음운변동과 함께 다루어야 하는 현상: 연음(유성음화)

본 장에서는 이러한 음운변동의 특징들에 대해 간략히 기술하고 이러한 기술을 바탕으로 한국어 교사가 발음 교육 자료를 만들 때 고려해야 할 점을 서술해 보고자 한다.[19] 그리고 이러한 음운변동들의 교수 학습에 활용할 수 있는 활동들과 교안을 제시해 보려고 한다.[20]

---

[19] 한 가지 주의할 점은 각 음운변동에서 제시하는 발음 교육의 내용이나 제시 순서가 절대적인 것은 아니라는 점이다. 한국어 수업 현장에서 통합 교재를 가지고 수업이 진행되는 경우 여기서 제시하는 방향대로 따라가기는 어렵다. 그러나 특별 수업으로서 발음 수업을 진행하기 위하여 교육 자료를 구성하는 경우에는 여기에서 제시된 교육 내용과 순서가 어느 정도는 도움이 될 수 있을 것이다.

1. 비음화

■ 비음화의 규칙성 찾기

우선 아래에 제시한 간단한 활동을 통해 비음화의 규칙성에 대해 생각해 보자.

---

* 다음 단어의 발음이 표시된 아래의 예를 보고 규칙성을 발견해 보자.

먹대[먹따] 먹는[**멍는**]	떡[떡] 떡만[**떵만**]
닫대[닫따] 닫는[**단는**]	옷[옫] 옷만[**온만**]
잡대[잡따] 잡는[**잠는**]	밥[밥] 밥만[**밤만**]

(1) 어떤 소리가 어떤 소리로 바뀌었는가?
　　음절 종성의 'ㄱ, ㄷ, ㅂ'이 각각 '　　, 　　, 　　'으로 바뀌었다.

(2) 바뀐 소리 뒤에는 어떤 자음이 있는가?
　　'ㅇ, ㄴ, ㅁ'으로 바뀐 소리 뒤에는 '　　, 　　' 이 있다.

(3) 같은 환경을 가진 단어들을 더 찾아보자.

막는[망는],

■ 비음화의 특징

비음화란 비음 앞에서 비음이 아닌 소리가 비음으로 대치되는 현상을 가리킨다. 어떤 소리가 주위에 있는 다른 소리의 영향을 받아서 그

---

20) ㅎ탈락은 여기에서 따로 언급하지 않는다. 앞서 6장에서 다루었기도 하거니와 'ㅎ'이 필수적으로 탈락하는 용언어간말 ㅎ탈락은 연음 현상의 예외로서도 다루어질 수 있기 때문이다.

소리와 같거나 비슷하게 바뀌는 현상을 동화(同化, assimilation)라고 한다. 위의 예에서 '먹는[멍는]', '떡만[떵만]'의 발음을 보면 뒤에 오는 비음 'ㄴ, ㅁ'의 영향으로 'ㄱ'이 비음 'ㅇ'으로 바뀌었으므로 비슷한 소리로 바뀌는 동화가 일어났음을 알 수 있다. 비음화의 교수 학습에서 고려해야 할 비음화의 특징은 다음과 같다.

① 한국어의 비음화는 필수적으로 일어나는 음운변동 현상이며, 예외가 없는 규칙이다. 즉 이 규칙은 음절 종성의 'ㄱ, ㄷ, ㅂ' + 초성의 'ㄴ' 또는 'ㅁ'이라는 조건만 맞으면 한국어에서는 언제든지 일어나는 규칙이다. 즉 외국인 학습자가 이 규칙을 학습하면 그 의미를 모르는 단어가 있다고 할지라도 비음화를 적용시켜 발음할 수 있다. 예를 들어 '읍네'라는 단어가 있다고 할 때 이 단어의 의미는 모르더라도 이것의 발음이 [음네]임을 알고 그렇게 발음할 수 있다는 것이다.

② 다른 언어에서는 한국어의 비음화 현상과 같은 음운변동이 나타나지 않는 경우가 많다. 영어의 경우 'nickname'에서 'k+n'의 연결이 제약을 받지 않으므로 그대로 발음된다. 그러나 한국 사람은 이 외래어의 발음도 한국어의 음절 연결 제약에 따라 [닝네임]으로 발음하게 된다. 영어의 'good morning, big news'도 한국 사람은 [굳모닝], [빙뉴스]라고 발음하는 것을 들을 수 있다. 이것은 그만큼 한국어의 비음화가 강력한 규칙임을 보여 주고 있다.

③ 비음화는 다른 음운변동 현상과도 관계를 맺고 있다. 예를 들어, 비음화는 평폐쇄음화, 자음군단순화가 먼저 적용된 후에 적용된다.

예) 깎는 → [깍는] → [깡는], 짓는 → [짇는] →[진는], 쫓는 → [쫃는] →
[쫀는]
굵는 → [극는] → [긍는], 흙만 → [흑만] → [흥만]

🔲 비음화의 교육 자료 구성

비음화 음운변동의 교육 자료를 구성할 때는 다음과 같은 내용을 포
함할 필요가 있다.

① 우선 단어 내부나 형태소와 형태소가 연결되는 경우(명사+조사, 용
언+어미)의 비음화를 교육 내용으로 삼아 가르친다.
예) 한국말, 작년, 집만, 먹는, 입는, 닫는

② 음절의 끝소리 규칙 적용 뒤의 비음화를 교육 내용으로 삼아 가
르친다.
예) 앞문, 거짓말, 꽃만, 맞는, 깎는

③ ①과 같은 원리로 단어 경계를 넘어서 적용되는 비음화를 교육
내용으로 삼아 가르친다.
예) 볶음밥 먹을까요?
삼십 명쯤 왔어요.

④ ②와 같은 원리로 단어 경계를 넘어서 적용되는 비음화를 교육
내용으로 삼아 가르친다.
예) 몇 명이나 왔어요? / 오늘은 바빠서 못 놀아. / 실컷 먹어.

⑤ 자음군단순화가 적용된 뒤의 비음화를 교육 내용으로 삼아 가르친다.

　예) 값만, 밟는, 없는, 닭만, 흙먼지, 읽는

위의 교육 내용에서 순서가 반드시 고정된 것은 아니다. 예를 들어 ⑤를 반드시 ①~④를 배운 다음에 가르칠 필요는 없다. 교재에서 해당 어휘가 노출되면 그 발음을 제시해 줄 수 있다. 그러나 비음화의 발음 교육 자료를 구성한다면 ①과 ②, ③과 ④의 순서는 지켜서 제시하는 것이 단계별 발음 교육의 방법이 될 수 있다.

2. 유음화

■ 유음화의 규칙성 찾기

우선 아래에 제시한 간단한 활동을 통해 유음화의 규칙성에 대해 생각해 보자.

---

* 다음 단어의 발음이 표시된 아래의 예를 보고 규칙성을 발견해 보자.

편리[펼리]	설날[설랄]
신랑[실랑]	실내[실래]
원래[월래]	물냉면[물랭면]

(1) 어떤 소리가 어떤 소리로 바뀌었는가?

　'　'이 '　'로 바뀌었다.

(2) 바뀐 소리의 앞이나 뒤에는 어떤 자음이 있는가?

　'ㄹ'로 바뀐 소리의 앞이나 뒤에는 '　'이 있다.

---

(3) 같은 환경을 가진 단어들을 더 찾아보자.

연락[열락],	생일날[생일랄],

■ 유음화의 특징

유음화의 교수 학습에서 고려해야 할 유음화의 특징은 다음과 같다.

① 유음화는 'ㄴㄹ'이나 'ㄹㄴ'의 연쇄가 'ㄹㄹ'로 바뀌는 현상으로 위
의 예에서 보듯이 'ㄴㄹ'이 'ㄹㄹ'로 바뀌는 역행적 유음화와 'ㄹㄴ'
이 'ㄹㄹ'로 바뀌는 순행적 유음화가 있다. 한국어 음운론에서는
역행적 유음화와 순행적 유음화의 성격이 다름에 주목하여 두 현
상을 기술하고 있는데 한국어 발음 교육에서는 이 두 유음화를
굳이 나누어 제시하지는 않는다.

② 순행적 유음화는 '끓는, 앓는, 핥는'과 같은 동사나 형용사의 자음
군 어간말 환경에서 자음군단순화가 적용된 이후에도 적용된다.
예) 핥는[할는 → 할른], 앓는[알는 → 알른], 끓는[끌는 → 끌른]

③ 역행적 유음화는 주로 한자어와 외래어에서 일어난다.
예) 곤란해요[골란해요], 전라도[절라도], 온라인(online)[올라인], 헨리
(Henry)[헬리]

④ 'ㄴ' 뒤에 'ㄹ'이 오는 경우에는 단어에 따라 역행적 유음화가 적용
되기도 하고 치조비음화가 적용되기도 한다.

예) 음운론[으물론]~[으문논], 온라인[올라인]~[온나인], 신라면[실라면]~[신나면]

⑤ 단어 경계를 넘어서서도 유음화가 적용된다. 그 예는 다음과 같다.
예) 이 사진 잘 나왔네[잘라완네], 이번에 부를 노래[부를로래]

⑥ 다른 언어에서는 한국어의 유음화 현상과 같은 음운변동이 나타나지 않는 경우가 많다. 영어의 경우 'only, online'에서 'n+l'의 연결이 제약을 받지 않고 그대로 발음된다. 그러나 한국 사람은 [온니~올리], [온나인~올라인] 등으로 치조비음화나 유음화를 적용시켜 발음하게 된다. 일본어의 경우도 '진리 眞理[sinri], 관련 關連[kanren]'과 같은 경우 'n+r'의 연결에 치조비음화나 유음화를 적용시키지 않고 그대로 발음한다.

유음화의 교육 자료 구성

유음화의 경우 적용 범위와 규칙의 유형, 다른 음운변동과의 관계에 따라 그 교육 내용을 다음과 같이 나누어 볼 수 있다.

① 단어 내의 순행적 유음화를 교육 내용으로 삼아 가르친다. 학습자들이 초, 중급에서 만나게 되는 어휘 가운데 여기에 해당하는 단어들은 다음과 같다.
예) 물냉면, 생일날, 사물놀이, 설날, 줄넘기

② 단어 내의 역행적 유음화를 교육 내용으로 삼아 가르친다. 학습자
들이 초, 중급에서 만나게 되는 어휘 가운데 여기에 해당하는 단
어들은 다음과 같다.

예) 연락, 편리, 한라산, 신라

③ 단어 경계 이상에서 순행적 유음화가 적용되는 것을 교육 내용으
로 삼아 가르친다. 여기에 해당하는 단어들은 다음과 같다.

예) 일 년, 집에 돌아갈 날이 얼마 안 남았어요

④ 자음군단순화가 적용된 뒤에 유음화가 적용되는 것을 교육 내용
으로 삼아 가르친다. 여기에 해당하는 단어들은 다음과 같다.

예) 않는, 잃는, 핥는, 훑는

위의 교육 내용에서도 비음화와 마찬가지로 순서가 반드시 고정된
것은 아니다. 예를 들어 ④를 반드시 ①~③을 배운 다음에 가르칠 필요
는 없다. 교재에서 해당 어휘가 노출되면 그 발음을 제시해 줄 수 있다.

3. 치조비음화

▌ 치조비음화의 규칙성 찾기

아래에 제시한 간단한 활동을 통해 치조비음화의 규칙성에 대해 생
각해 보자.

> * 다음 단어의 발음이 표시된 아래의 예를 보고 규칙성을 발견해 보자.
>
> | | | | |
> |---|---|---|---|
> | 심리[심니] | 종로[종노] | 속력[속녁→송녁] | 생산량[생산냥] |
> | 염려[염녀] | 정리[정니] | 독립[독닙→동닙] | 결단력[결딴녁] |
> | 담력[담녁] | 대통령[대통녕] | 협력[협녁→혐녁] | 동원령[동원녕] |
>
> (1) 어떤 소리가 어떤 소리로 바뀌었는가?
>   ' '이 ' '로 바뀌었다.
>
> (2) 바뀐 소리 앞에는 어떤 자음이 있는가?
>   'ㄴ'으로 바뀐 소리의 앞에는 ' . . . ' 등이 있다.
>
> (3) 같은 환경을 가진 단어들을 더 찾아보자.

치조비음화의 특징

치조비음화의 교수 학습에서 고려해야 할 치조비음화의 특징은 다음과 같다.

① 치조비음화는 'ㄹ'을 제외한 자음 뒤에서 'ㄹ'이 'ㄴ'으로 바뀌는 음운변동 현상으로 한자어와 외래어에서만 일어난다. 외래어가 포함된 예를 제시하면 다음과 같다.
   예) 홈런[홈넌], 삼 리터[삼니터], 업로드[업노드→엄노드]

② 위의 예에서 보이는 '속력, 독립, 협력'은 먼저 치조비음화 규칙이 적용된 이후 비음화 규칙이 적용된 것이다.[21]

---

21) 사실 이 치조비음화에 대한 한국어 음운론의 접근은 다른 음운변동에 비해 그 편차가 심하다. 그 핵심은 '독립, 협력'이 [독닙→동닙], [협녁→혐녁]의 과정을 거치는 것으로 보는

③ 위의 예에서 보이는 '생산력, 결단력, 동원령'은 'ㄴㄹ'의 환경에서
유음화가 적용되지 않고 치조비음화가 적용된 경우이다. '생산+력,
결단+력, 동원+령'과 같은 분석이 가능한 경우에 치조비음화가 일
어나며 '난로, 신라' 등과 같이 분석이 불가능한 경우는 유음화가
일어난다고 할 수 있다.

④ 위에서는 'ㄴㄹ'의 환경에서 치조비음화가 적용되는 예만 제시하
였지만 현실 발음에서는 단어에 따라 유음화가 적용되기도 하고
치조비음화가 적용되기도 한다. 예는 다음과 같다.
    예) 음운론[으문논~으물론], 온라인[온나인~올라인], 신라면[신나면~실라
        면]

⑤ 다른 언어에서는 한국어의 치조비음화 현상과 같은 음운변동이
나타나지 않는 경우가 많다. 영어의 경우 'homerun, online'에서
'm+r', 'n+l'의 연결이 제약을 받지 않고 그대로 발음된다. 그러나
한국 사람은 이 외래어의 발음도 [홈넌], [온나인~올라인]으로 발
음하게 된다. 일본어의 경우도 '진리 眞理[sinri], 관련 關連[kanren]'
등에서 보듯이 'n+r'의 연결이 제약을 받지 않고 그대로 발음된다.

지 아니면 [동립→동닙], [협력→협녁]으로 보는지에 달려 있다. 현재 한국어 발음 교육
론이나 발음 습득 연구에서 비음화와 치조비음화를 하나의 현상으로 묶어서 제시하는
경우와 분리해서 제시하는 경우가 있다. 이러한 차이를 보이는 것도 위의 현상에 대한
한국어 음운론에서의 논의 가운데 어느 쪽을 지지하느냐와 관련이 있다. 본고에서는 '독
립, 협력'이 [독닙→동닙], [협녁→협녁]의 과정을 거치는 것으로 보고 기술하고자 한다.
이 현상에 대한 한국어 음운론에서의 종합적인 고찰은 이진호(2008)을 참고하기 바란다.

치조비음화의 교육 자료 구성

치조비음화의 경우 규칙이 적용되는 환경에 따라 교육 내용을 다음과 같이 나눌 수 있다.

① 받침 'ㅁ, ㅇ' 뒤에서 'ㄹ'이 [ㄴ]로 발음되는 경우를 교육 내용으로 삼아 가르친다.

　　예) 음료수[음뇨수], 염려[염녀], 금리[금니]
　　　　정리[정니], 정류장[정뉴장], 종로[종노]

② 받침 'ㅂ, ㄱ' 뒤에서 'ㄹ'이 [ㄴ]로 발음되는 경우를 교육 내용으로 삼아 가르친다. 이 경우에는 다시 비음화가 일어난다.

　　예) 수업료[수업뇨→수엄뇨], 컵라면[컵나면→컴나면]
　　　　대학로[대학노→대항노], 기억력[기억녁→기엉녁]

③ 받침 'ㄴ' 뒤에서 'ㄹ'이 [ㄴ]로 발음되는 경우를 교육 내용으로 삼아 가르친다.

　　예) 정신력[정신녁], 생산량[생산냥]

4. ㅎ축약

ㅎ축약의 규칙성 찾기

아래에 제시한 간단한 활동을 통해 ㅎ축약의 규칙성에 대해 생각해 보자.

* 다음 단어의 발음이 표시된 아래의 예를 보고 규칙성을 발견해 보자.

놓고[노코]	각해[가캐]
좋던[조턴]	맏형[마텽]
쌓지[싸치]	꽂히다[꼬치다]
많고[만코]	입학[이팍]

(1) 어떤 소리가 합쳐져 어떤 소리로 바뀌었는가?

   ' '과 'ㄱ, ㄷ, ㅂ, ㅈ'이 합쳐져 각각 ' , , , '로 바뀌었다.

(2) 두 소리가 합쳐져 'ㅋ, ㅌ, ㅍ, ㅊ'이 될 때 'ㅎ'의 위치는 어디인가?

(3) 같은 환경을 가진 단어들을 더 찾아보자.

낳고[나코], 잡히다[자피다].

ㅎ축약의 특징

ㅎ축약의 교수 학습에서 고려해야 할 ㅎ축약의 특징은 다음과 같다.

① ㅎ축약은 'ㅎ'과 'ㄱ, ㄷ, ㅂ, ㅈ'이 만나 'ㅋ, ㅌ, ㅍ, ㅊ'으로 합쳐지는 현상이다. 'ㅎ'이 앞에 있으면 순행적 ㅎ축약, 'ㅎ'이 뒤에 있으면 역행적 ㅎ축약이라고 한다.

② 위의 예에서 보듯이 순행적 ㅎ축약은 'ㅎ, ㄶ, ㅀ'으로 끝나는 용언 어간에 어미 'ㄱ, ㄷ, ㅈ'이 연결될 때 일어난다. 'ㅎ'으로 끝나는 체언이 없으므로, 용언만 가능하며, 'ㅂ'으로 시작하는 어미는 없기 때문에 'ㅎ'과 'ㅂ'의 연결은 나타나지 않는다.

③ 역행적 ㅎ축약은 체언과 조사가 연결될 때, 파생어나 합성어가 형성될 때, 단어와 단어가 연결될 때에도 일어난다.[22]

예) 떡하고[떠카고] / 맏형[마텽] / 딱 한 번[따칸번]

④ 역행적 ㅎ축약이 일어나기 전에 먼저 평폐쇄음화 규칙이 적용된다.

예) 옷하고[옫하고→오타고] / 깨끗하고[깨끋하고→깨끄타고] / 옷 한 벌[오탄벌]

⑤ 'ㄳ, ㅄ, ㄺ'으로 끝나는 체언이 'ㅎ'으로 시작하는 조사와 만날 때, 역행적 ㅎ축약이 일어나기 전에 먼저 자음군단순화가 적용된다.

예) 몫하고[목하고→모카고], 닭한테[닥한테→다칸테], 값하고[갑하고→가파고]

ㅎ축약의 교육 자료 구성

ㅎ축약의 경우 규칙이 적용되는 환경에 따라 교육 내용을 다음과 같이 나눌 수 있다.

① 순행적 ㅎ축약이 일어나는 경우를 교육 내용으로 삼아 가르친다. 'ㅎ'으로 끝나는 경우와 'ㄶ, ㅀ'으로 끝나는 경우로 더 세분하여 나눌 수도 있다.

예) 좋고, 않더라, 옳지만

② 역행적 ㅎ축약 중 'ㅂ, ㄼ, ㄷ, ㅈ, ㄵ, ㄱ, ㄺ'이 앞에 오는 경우를

---

22) 방언에 따라서는 이 환경에서 ㅎ탈락이 이루어지는 경우도 있다. 주로 서남방언에서 '떡하고[떠가고], 딱 한 번[따간번]'과 같이 ㅎ을 탈락시켜 발음한다.

교육 내용으로 삼아 가르친다.

예) 입학, 밟히다, 맏형, 꽂히다, 앉히다, 착하다, 읽히다

③ 평폐쇄음화 적용 뒤의 ㅎ축약을 교육 내용으로 삼아 가르친다.

예) 못해요, 앞하고, 꽃하고

④ 단어 경계를 넘어서 적용되는 ㅎ축약을 교육 내용으로 삼아 가르
친다.

예) <u>밥 한</u> 그릇, <u>딱 한</u> 잔

⑤ 자음군단순화 규칙 적용 뒤의 ㅎ축약을 교육 내용으로 삼아 가르
친다.

예) 값하고, 몫하고, 닭하고

ㅎ축약의 경우 위에 제시된 교육 내용이 어떤 정해진 순서에 따라
제시될 필요는 없다. 교재에서 해당 어휘가 노출되면 그 발음을 제시해
줄 수 있다.

5. 경음화

경음화는 하나의 음운변동 현상 속에 음운론적인 정보만 요구하는
경음화도 있고 형태론적인 정보가 필요한 경음화도 있어 그 성격이 단
순하지 않다. 기존의 한국어 음운론에서의 논의에 따라 여기에서도 평
폐쇄음 뒤의 경음화, 용언어간말 ㄴ, ㅁ 뒤의 경음화, 관형형 어미 '-(으)

ㄹ' 뒤의 경음화, 한자어의 경음화 등으로 나누어 그 특징을 기술해 보고자 한다.

■ 평폐쇄음 뒤 경음화의 특징

평폐쇄음 뒤의 경음화의 특징은 다음과 같이 요약할 수 있을 것이다.

① 평폐쇄음 뒤의 경음화는 평폐쇄음 'ㄱ, ㄷ, ㅂ' 뒤에서 평음 'ㄱ, ㄷ, ㅂ, ㅅ, ㅈ'이 경음으로 바뀌는 음운변동 현상이다. 이 평폐쇄음 뒤의 경음화는 그 조건만 갖추어지면 항상 일어나는 필수적인 음운변동이므로 학습자들이 우선적으로 학습해야 할 음운변동에 속한다.

예) 국밥[국빱], 믿고[믿꼬], 밥상[밥쌍]

② 다음과 같은 예들에서는 평폐쇄음화가 먼저 적용된 뒤에 경음화가 일어난다.

예) 깎다[깍따], 옷걸이[옫꺼리], 있던[읻떤], 꽃고[꼳꼬], 꽃다발[꼳따발], 낮설다[낟썰다], 끝장[끋짱], 옆집[엽찝]

외국인 학습자에게 평폐쇄음 뒤의 경음화를 제시할 때는 종성 즉, 받침소리가 원래 'ㄱ, ㄷ, ㅂ'인 것과 평폐쇄음화의 결과로 받침소리가 'ㄱ, ㄷ, ㅂ'이 된 것을 따로 나누어 제시하는 것이 바람직하다.

③ 종성이 자음군인 경우에는 경음화가 먼저 적용된 후에 자음군단순화가 적용된다. 이 때 'ㄼ'은 음절말 끝소리 규칙에 의해 'ㄼ'이

되고 그 'ㄷ'에 의해 경음화가 적용된다. 그 과정을 보이면 다음과
같다.

예) 넓게 → [넓께] → [널께]   /   핥다 → [핥따] → [할따]

🔶 용언 어간말 ㄴ, ㅁ 뒤의 경음화

용언 어간말 ㄴ, ㅁ 뒤의 경음화를 요약하면 다음과 같다.

① 용언 어간말 ㄴ, ㅁ 뒤의 경음화는 용언 즉 동사나 형용사 어간의
   말음이 'ㄴ, ㅁ'일 때 나타나며 명사가 조사와 결합할 때에는 나타
   나지 않는다.
   예) 신을 신다[신따], 신도[신도] 많아요.

② 경음화의 환경이 원래 'ㄴ, ㅁ'인 경우, 자음군 'ㄻ'인 경우가 있다.
   예) 신고[신꼬], 담고[담꼬], 젊지[점찌]

③ 피동, 사동 접미사가 결합된 경우는 경음화가 일어나지 않는데
   '신기다'의 경우는 표준 발음과 현실 발음에 차이가 있다.
   예) 안기다[안기다], 남기다[남기다], 신기다[신기다](표준발음)~[신끼다](현
      실발음)

🔶 관형형 어미 '-(으)ㄹ' 뒤의 경음화

관형형 어미 '-(으)ㄹ' 뒤의 경음화가 보여주는 특징을 요약하면 다음
과 같다.

① 관형형 어미 '-(으)ㄹ' 뒤에 연결되는 'ㄱ, ㄷ, ㅂ, ㅅ, ㅈ'은 된소리
   로 발음한다.

> 예) 내일 만날 거[꺼]예요 / 할 수[쑤] 있어요 / 갈 데[떼]가 있어요 / 어찌할
>   바[빠]를 몰라서 / 할 줄[쭐] 알아요

   그런데 의존명사는 항상 경음화되지만 자립명사의 경우는 반드시
   경음화가 일어나지는 않는다. 아래의 예에서 '내일 만날 그 사람'
   의 경우 [ㄲ사람]으로 발음되지는 않는다.

> 예) 내일 만날 사람 / 내일 만날 그 사람

② 경음화가 일어난 구가 어미로 굳어진 경우가 있다. 예는 다음과
   같다.

> 예) 할걸 / 배울수록 / 힘들지라도

▪ 한자어의 경음화

한자어의 경음화가 보여주는 특징은 다음과 같다.

① 한자어에서 'ㄹ' 받침 뒤에 연결되는 'ㄷ, ㅅ, ㅈ'은 경음화되지만
   'ㅂ, ㄱ'은 경음화되지 않는다.

> 예) 출동[출똥], 출신[출씬], 출장[출짱] / 출발[출발], 출국[출국]
>   발달[발딸], 발신[발씬], 발전[발쩐] / 발발[발발], 발견[발견]

② 그런데 위의 ①의 규칙 적용 여부는 음절수에 따른 차이를 보인
   다. 즉 2음절 한자어에서는 거의 예외 없이 적용되지만, 3음절 이
   상의 한자어에서는 일어나지 않는 경우도 있다.

예) 몰상식[몰쌍식] / 몰지각[몰지각]

③ 다음과 같은 한자형태소는 다른 한자어와 결합할 때 항상 경음화
   되어 발음된다.

　예) 가(價): 고가(高價)[고까], 물가(物價)[물까], 평가(評價)[평까], 주가(株
　　　價)[주까]
　　　권(券): 여권[여꿘], 승차권[승차꿘], 입장권[입짱꿘], 항공권[항공꿘]
　　　과(科): 국문과[궁문꽈], 영문과[영문꽈]
　　　　　　　내과[내꽈], 외과[외꽈], 안과[안꽈], 이비인후과[이비인후꽈]

위의 예에서 보듯이 '값'의 의미를 갖는 한자어 '가(價)', 각 전공이나
치료 분야를 의미하는 '과(科)', 표의 의미를 갖는 '권(券)' 등은 다른 한자
어와 결합할 때 언제나 경음화되어 각각 [까], [꽈], [꿘]으로 발음된다.
그런데 이와 같이 항상 경음화가 되는 형태소가 한자어에만 있는 것은
아니다. 고유어 형태소 가운데에도 다른 형태소와 결합할 때 항상 경음
화가 되는 것이 있다.

　예) 가: 강가, 길가, 눈가 / 바닷가, 호숫가, 냇가
　　　감: 장군감, 신랑감, 장난감 / 사윗감, 신붓감
　　　값: 술값, 외상값, 땅값 / 나잇값, 죗값, 찻값
　　　국: 된장국, 해장국, 콩나물국 / 김칫국, 고깃국

위의 예에서 보듯이 '가, 감, 값, 국'은 다른 형태소와 결합하여 파생
어나 합성어를 만들 때, 언제나 경음화를 보여준다. 다만 '바닷가, 호숫
가, 신붓감'은 표기상 사이시옷이 드러나므로 외국인 학습자의 입장에
서 볼 때 경음화를 적용시켜 발음하는 데 어려움이 없지만, '강가, 길가,
눈가'와 같이 맞춤법 규정상 사이시옷을 적지 않는 예들은 경음화를 적

용시키기가 쉽지 않다.

경음화의 교육 자료 구성

경음화의 경우 앞서 살펴 본 경음화의 종류 및 다른 음운변동과의 관계에 따라 그 교육 내용을 다음과 같이 나누어 볼 수 있다.

① 평폐쇄음 뒤의 경음화를 교육 내용으로 삼아 가르친다. 평폐쇄음 뒤의 경음화도 그 환경에 따라 다음과 같이 나누어 제시할 필요가 있다.

> 원래부터 받침이 'ㄱ, ㄷ, ㅂ'인 경우 → 음절 끝소리 규칙이 적용된 결과 [ㄱ, ㄷ, ㅂ]인 경우 → 자음군을 가지고 있는 단어의 경우 → 단어 경계를 넘어선 경우

예) 학생, 먹고, 듣다가 / 앞집, 첫사랑, 꽃집 / 밟고, 읽던, (값이, 없어요) / 일곱 시까지 오세요, 옆 건물에 이사 왔어요.

② 용언 어간말 'ㄴ, ㅁ' 뒤의 경음화를 교육 내용으로 삼아 가르친다. 이 경우에도 그 환경에 따라 다음과 같이 나누어 제시할 필요가 있다.

> 받침이 'ㄴ, ㅁ'인 경우 → 받침이 'ㄻ'인 경우

예) 신다, 신지, 신고, 감다, 감지, 감고 / 닮다, 닮지, 닮고

③ 관형형 어미 '-(으)ㄹ' 뒤의 경음화를 교육 내용으로 삼아 가르친다.

> 관형형 어미 '-(으)ㄹ' + 의존명사/자립명사의 경우 → 하나의 어미로 굳어진 경우

예) 식사하실 분, 살 거야, 먹을 수 있어, 운전할 줄 알아, 먹을 데가 없네
/ 올게요, 빠를수록, 올지 안 올지 몰라요

앞서 경음화의 특징을 기술하면서 한자어의 경음화에 대해서도 언급하였다. 여기서는 한자어의 경음화를 가르칠 때에 주의할 점에 대해 간단히 언급하고자 한다.

한자어의 경음화는 하나의 규칙으로 제시하여 학습하기보다는 단어별로 그 발음을 알려 주는 경우가 더 일반적이다. 한자어의 경음화는 한자어에 대한 배경 지식이 있는 중국인 학습자, 일본인 학습자가 배경 지식이 없는 다른 언어권 학습자보다 상대적으로 그 내용을 이해하기 쉽다. 한자어에 대한 배경 지식이 없는 학습자를 위해서는 한자어 형태소의 의미가 단어의 구성에서 비교적 분명한 것들을 중심으로 교육 자료를 구성하는 것이 바람직하다. 위에서 언급한 '대학의 전공 분야나 병원의 진료 분야의 의미를 갖는 '과(科)'나 '표'의 의미를 갖는 '권(券)' 등이 그 예가 될 수 있을 것이다. 이 때 동일한 형태소가 포함된 어휘들을 함께 제시해 줌으로써 학습의 효과를 높일 수 있을 것이다.

또한 한자어 경음화의 교육은 학습자의 발음 산출에 초점을 두어 교육하기보다 한국어 모어 화자의 발음 이해에 초점을 두고 이루어지는 것이 바람직하다.

6. 자음군단순화

자음군단순화의 특징

음절 구조 제약에 따르면 종성에 자음이 하나만 올 수 있다. 명사 어간 또는 동사나 형용사의 어간의 말음이 자음 둘로 이루어진 자음군일 때 그러한 자음군이 음절말 위치에 오면 두 자음 중에 하나가 탈락한다. 이것을 자음군단순화라고 한다.

자음군단순화는 평폐쇄음화와 함께 음절 종성의 발음 교육에서 한국어 학습 초기에 다루어지는 음운변동이다. 그러나 자음군단순화는 다른 음운변동의 전후에 적용되는 경우가 많아 음절 종성의 발음 교육 이후에도 반복적으로 다루어져야 한다. 따라서 평폐쇄음화와는 달리 음운변동의 교육 내용으로서도 다루어질 필요가 있다.

자음군단순화의 특징은 다음과 같이 요약할 수 있을 것이다.

① 표준발음법에서 한국어의 자음군은 11개이다. 먼저 명사의 자음군에는 'ㄳ, ㄺ, ㄻ, ㄼ, ㄽ, ㅄ'이 있고, 동사나 형용사의 자음군에는 'ㄵ, ㄶ, ㄺ, ㄻ, ㄼ, ㄾ, ㄿ, ㅀ, ㅄ'이 있다. 각각의 자음군에 해당하는 단어를 제시하면 다음과 같다.

　명사의 자음군: 몫, 닭, 삶, 여덟, 외곬, 값
　동사나 형용사의 자음군: 앉다, 않다, 맑다, 삶다, 넓다, 핥다, 읊다, 앓다,
　　　　　　　　　　　　　없다

② 자음군에서 앞 자음이 탈락하는 자음군과 뒤 자음이 탈락하는 자

음군으로 나누어 제시하면 다음과 같다.

앞 자음이 발음되는 경우			뒤 자음이 발음되는 경우		
표기	발음	예	표기	발음	예
ㄳ	[ㄱ]	몫			
ㄵ ㄶ	[ㄴ]	앉다 않는			
ㄼ ㄽ ㄾ ㅀ	[ㄹ]	여덟, 넓다 외곬 핥다 앓는	ㄺ ㄻ ㄿ	[ㄱ] [ㅁ] [ㅂ]	흙, 맑다 삶, 젊다 읊다
ㅄ	[ㅂ]	값, 없고			

③ 단 다음과 같은 예외가 있다. 동사나 형용사의 자음군 중 'ㄺ'의
경우 뒤에 오는 자음이 'ㄱ'이면 'ㄹ'이 남고, 그 이외의 자음이면
'ㄱ'이 남는다.
예) 읽-고[일꼬], 읽-더라[익떠라], 읽-지[익찌], 읽-는[잉는]

'밟다'의 경우 표준 발음에서는 'ㄹ'이 남지 않고 'ㅂ'이 남는다.
예) 밟-고[밥:꼬], 밟-지[밥:찌], 밟-더라[밥:떠라], 밟-는[밤:는]

그러나 현실 발음에서는 위의 표에 제시된 것과 같이 'ㅂ'을 탈락
시켜 [발꼬], [발찌], [발떠라] 등으로 발음되는 양상을 보인다.

'넓죽하다, 넓둥글다'의 '넓-'은 'ㄹ'이 남지 않고 'ㅂ'이 남는다.
예) 넓죽하다[넙쭈카다], 넓둥글다[넙뚱글다]

④ 동사나 형용사의 자음군 중 'ㄺ, ㄼ'을 서남 방언(전라 방언)에서는 [ㄱ, ㅂ]으로 발음하고 동남 방언(경상 방언)에서는 둘 다 [ㄹ]로 발음한다.

예) 서남방언: 맑고[막꼬], 맑지[막찌], 맑네[망네], 넓고[넙꼬], 넓지[넙찌], 넓네[넘네]

동남방언: 맑고[말꼬], 맑지[말찌], 맑네[말레], 넓고[널꼬], 넓지[널찌], 넓네[널레]

📑 자음군단순화와 다른 음운변동의 관계

자음군단순화의 결과는 다른 음운변동으로 이어지기도 하고, 어떤 음운변동은 자음군단순화가 일어나기 전에 먼저 적용되어야 하는 것도 있다. 즉 자음군단순화와 다른 음운변동 현상 가운데 선후 관계가 존재한다. 이러한 관계에 있는 음운변동들은 다음과 같다.

① 자음군단순화와 비음화

'ㄳ, ㅄ, ㄺ, ㄿ' 자음군의 경우 뒤에 비음으로 시작하는 조사나 어미가 오면 자음군단순화 후에 비음화가 일어난다. 아래의 예 가운데 '읊는'은 음절의 끝소리 규칙도 적용된다.

예) 몫만[목만→몽만], 값만[갑만→감만], 없는[업는→엄는], 흙만[흑만→흥만], 읽는[익는→잉는], 읊는[읖는→읍는→음는]

② 자음군단순화와 유음화

동사나 형용사의 자음군 중 'ㄼ, ㄾ, ㅀ' 자음군의 경우 뒤에 'ㄴ'으로 시작하는 어미가 오면 자음군단순화 후에 유음화가 일어난다.

예) 핥는[할는→할른], 끓는[끌는→끌른]

③ **자음군단순화와 경음화**

동사나 형용사의 자음군 중 'ㄺ, ㄼ, ㄾ, ㄵ'의 뒤 자음은 탈락하기 전에 어미의 두음을 경음화시킨다. 즉 자음군단순화보다 경음화가 먼저 일어나야 한다. 이 때 'ㄵ, ㄾ'의 'ㅈ, ㅌ'은 음절의 끝소리 규칙에 의해 'ㄷ'으로 먼저 바뀐다.

예) 맑고[맑꼬→말꼬], 핥고[핥고→핥꼬→할꼬], 앉고[앉고→앉꼬→안꼬]

④ **자음군단순화와 ㅎ축약**

앞서 살펴본 자음군단순화와 비음화, 유음화, 경음화는 그 규칙의 적용에 있어 선후관계가 존재하는 것들이다. 그런데 자음군단순화와 ㅎ축약의 관계는 이들과 달리 둘 중 하나가 적용되면 다른 하나는 적용되지 못하는 관계에 있다. 동사나 형용사의 자음군 중 'ㄶ, ㅀ'의 뒤 자음 'ㅎ'은 어미의 두음 'ㄱ, ㄷ, ㅈ'과 결합하여 ㅎ축약을 일으킨다. 따라서 ㅎ축약이 먼저 일어나고 자음군단순화는 적용되지 않는다.

예) 않고 → 안코 (○) 않고 → 안고 (×)

자음군단순화의 교육 자료 구성

자음군단순화의 경우 먼저 명사의 자음군단순화와 동사, 형용사의 자음군단순화로 나누고, 그 안에서 다시 규칙이 적용되는 환경에 따라, 또 다른 규칙의 적용 여부에 따라 교육 내용을 나눌 수 있다. 먼저 명사의 자음군단순화는 다음과 같은 교육 내용을 포함할 수 있다.

① 명사의 자음군단순화를 앞 자음이 발음되는 경우와 뒤 자음이 발음되는 경우로 나누어 제시하면 다음과 같다.

앞 자음이 발음되는 경우			뒤 자음이 발음되는 경우		
표기	발음	예	표기	발음	예
ㄳ	[ㄱ]	몫, 삯			
ㄼ ㄽ	[ㄹ]	여덟 외곬	ㄺ ㄻ	[ㄱ] [ㅁ]	흙, 닭 삶
ㅄ	[ㅂ]	값			

② 명사 가운데 자음군단순화와 비음화가 적용되는 것을 교육 내용
으로 삼아 가르친다.

　　예) 몫만[목만 → 몽만], 닭만[닥만 → 당만], 값만[갑만 → 감만]

③ 명사 가운데 자음군단순화와 경음화가 적용되는 것을 교육 내용
으로 삼아 가르친다.

　　예) 몫도[목또], 흙과[흑꽈], 닭과[닥꽈], 값과[갑꽈]
　　　　여덟 개[여덜깨], 여덟 병[여덜뼝]

동사, 형용사의 자음군단순화 교육 자료는 다음과 같이 제시해 볼 수
있다.

① 동사, 형용사의 자음군단순화를 앞 자음이 발음되는 경우와 뒤 자
음이 발음되는 경우로 나누어 제시하면 다음과 같다.

앞 자음이 발음되는 경우			뒤 자음이 발음되는 경우		
표기	발음	예	표기	발음	예
ㄵ ㄶ	[ㄴ]	앉다 않는			

앞 자음이 발음되는 경우			뒤 자음이 발음되는 경우		
ㄼ		넓다	ㄺ	[ㄱ]	맑다
ㄽ	[ㄹ]	핥다	ㄻ	[ㅁ]	젊다
ㅀ		앓는	ㄿ	[ㅂ]	읊다
ㅄ	[ㅂ]	없고			

② 동사, 형용사 가운데 자음군단순화와 비음화가 적용되는 것을 교육 내용으로 삼아 가르친다.

  예) 없는[업는→엄는], 읽는[익는→잉는], 읊는[읖는→음는]

③ 동사, 형용사 가운데 자음군단순화와 유음화가 적용되는 것을 교육 내용으로 삼아 가르친다.

  예) 넓네[널네→널레], 핥는[할는→할른], 끓는[끌는→끌른]

④ 동사, 형용사 가운데 자음군단순화와 경음화가 적용되는 것을 교육 내용으로 삼아 가르친다.

  예) 맑고[맑꼬→말꼬], 넓고[넓꼬→ 널꼬], 핥고[핥꼬→할꼬]
     앉고[안꼬], 않습니다[안씀니다], 없고[업꼬], 젊고[점꼬], 읊고[읍꼬]

7. 연음

■ 연음의 특징

  앞서 언급했듯이 한국어 음운론에서 연음은 발음의 문제가 아니라 표기의 문제이다. 그러나 표기와 발음을 함께 배우는 외국인에게는 표기대로 발음하는 오류가 발생할 수 있으므로 발음 교육의 대상이 된다.

연음 현상의 특징을 요약하면 다음과 같다.

① 연음은 앞 음절의 종성이, 모음으로 시작하는 형태소와 연결될 경우 뒤 음절의 첫소리로 옮겨 발음되는 현상이다. 이 경우 뒤 음절의 첫소리로 발음되는 평음 'ㄱ, ㄷ, ㅂ, ㅈ'은 유성음화한다.

　　예) 깎아[까까], 옷이[오시], 있어[이써], 꽃을[꼬츨], 밭에[바테], 앞으로[아프로], 생각을[생가글], 믿어[미더], 밥을[바블], 낮이[나지] 앉아[안자], 닭을[달글]23), 젊어[절머]

② 다음의 예들에서는 먼저 평폐쇄음화가 적용된 이후에 연음이 이루어진다.

　　예) 겉옷[거돋], 맛없다[마덥따], 첫인상[처딘상], 헛웃음[허두슴] 못 와요[모다요], 몇 월[며뒬], 옷 안에[오다네]

위의 예에서 합성어나 파생어를 이루는 경우(첫인상, 헛웃음)와 휴지 없이 단어 경계를 넘어서 적용되는 경우(못 와요, 옷 안에)가 함께 제시되어 있음에 주의할 필요가 있다. 외국인 학습자에게 연음의 교육 자료를 구성할 때에는 이 둘을 섞어서 제시하기보다 나누어 제시하는 것이 더 체계적인 교육 자료 구성이라고 할 수 있을 것이다.

③ 연음과 관련하여 주의할 것은 'ㅇ'과 'ㅎ'의 연음이다. 종성 'ㅇ'은 뒤에 모음으로 시작되는 음절이 연결될 때 연음되지 않는다. 'ㅇ[ŋ]'은 음절 초성에서 발음되지 않는다는 초성 제약에 의해 연음되지 않고 음절 종성에서 그대로 발음된다.

---

23) 표준 발음은 [달글]이지만 현실 발음에서는 [다글]로 발음된다.

종성 'ㅎ'은 그 분포 자체가 용언에 한정되어 있다. 즉 용언이 아닌 경우 음절 종성으로 'ㅎ'을 가지고 있는 경우가 없다. '히읗'이 유일한 예인데 이 때에도 [히으시]라고 발음되므로 실제 발음상으로는 존재하지 않는다. 용언의 경우 '낳+은, 많+은'에서 보듯이 뒤에 모음으로 시작되는 음절이 연결될 때 'ㅎ'은 연음이 되지 않고 탈락되므로 연음에서 예외적인 존재가 된다.

연음의 교육 자료 구성

연음 교육을 위한 발음 교육 자료를 구성할 때에는 다음과 같이 자료를 나누어 제시할 수 있다.

① 우선 단어 내부나 형태소와 형태소가 연결되는 경우(명사+조사, 용언+어미)의 연음(홑받침, 겹받침)을 교육 내용으로 삼아 가르친다.
　예) 한국어, 집은, 먹어요, 앉아, 닭이

② ①과 같은 원리로 단어 경계를 넘어서는 연음을 교육 내용으로 삼아 가르친다.
　예) 이천 원, 안 와요, 내일 오세요

③ 평폐쇄음화가 적용된 뒤에 연음 규칙이 적용되는 단어들을 교육 내용으로 삼아 가르친다.
　예) 첫인상, 웃어른, 맛없어요

④ ③과 같은 원리로 단어 경계를 넘어서는 연음을 교육 내용으로

삼아 가르친다.

예) <u>못 와요</u>, <u>옷 안에</u>, 이 말 <u>뜻 아세요?</u>

8. 한국어 음운변동 교육의 실제

　한국어를 배우는 외국인이 '종로'의 발음이 왜 '종노'냐고 물어보자 한국 친구들이 '종로'를 빠르게 읽으면 '종노'가 된다면서 빨리 읽도록 시키는 것을 본 적이 있다. 그런데 그 외국인이 아무리 빨리 여러 번 읽어도 '종로'는 여전히 '종로'였다. 앞서 본 것처럼 한국인에게 불편하거나 편한 음운의 연쇄가 외국인에게는 그렇지 않을 수 있기 때문이다. 한국어의 음운변동 규칙을 가르쳐 주지 않는다면 학습자는 자연스러운 한국어 발음을 습득하기가 어렵다.

　물론 음운변동 규칙을 배웠다고 해서 실제 의사소통 상황에서 그 규칙들을 모두 떠올려 그 규칙이 적용되는 환경인지 판단한 후 적용시켜서 발화할 수 있는 것은 아닐 것이다. 그러나 새로운 단어를 접했을 때, 또는 새로운 문법을 배워서 어휘와 결합할 때 정확한 발음이 무엇인지 이해하기 위해서는 음운변동 규칙을 알아야 한다. 또한 스스로의 발음을 점검하는 것도 음운변동 규칙을 알아야 가능하다. 규칙 자체가 발음 교육의 목표는 아니다. 원리를 이해한 후 단어나 문장 단위의 발음 연습을 통해 그 규칙을 상기하지 않더라도 한국인처럼 그 발음이 편해지는 것, 즉 내재화되는 것이 최종 목표일 것이다.

■ 음운변동의 제시

복잡한 음운변동을 학습자에게 효과적으로 제시하기 위해 글씨의 색깔, 글씨의 진하기, 도형, 표 등을 아래와 같이 활용한다.

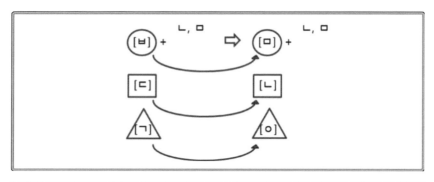

음료수 [음뇨수]
정리 [정니]

> # 입는 [임는]
> # 십만 [심만]

■ 음운변동 교육 활동 예

가. 소리 나는 대로 쓰기: 철자와 발음이 다르다는 것을 인식시키기 위한 연습이다.

---

* 다음을 듣고 소리 나는 대로 쓰세요.

'설날' [   ]

'물냉면' [   ]

'실내' [   ]

'달나라' [   ]

'글눈' [   ]

'줄넘기' [   ]

나. 단어 연습: 목표 음운변동(ㅎ축약)을 포함한 단어 연습이다.

---

* 다음을 듣고 따라하세요.

백화점   국화 각하 국회 낙하 막히다

맏형   첫해

입학 곱하기 급행   잡화 집합 입히다

맞히다   젖히다   잊히다 앉히다

다. 식별 연습: 소리를 듣고, 그 발음대로 쓴 것을 찾는 연습이다.

---

* 다음을 듣고 맞는 발음을 고르세요.

가: 우리 주말에 쇼핑하러 어디로 갈까?

나: <u>강남역(강나멱/강남녁)</u>이나 <u>명동역(명동녁/명동력)</u>으로 갈까?

가: 거기는 주말에 너무 복잡하니까 <u>이대역(이대역/이대력)</u>으로 가자.

나: 이대역은 우리 집에서 너무 멀잖아. <u>서울역(서울녁/서울력)</u>은 어때?

가: 서울역은 쇼핑할 곳이 많이 없어.

나: 그럼, <u>고속터미널역(고속터미너력/고속터미널력)</u>은 어때? 쇼핑할 곳도 많고.

가: 그래, 좋아. 그럼 거기에서 만나자.

라. 문장 연습1: 목표 음운변동(경음화)을 포함한 문장으로 연습한다.

---

* 다음 밑줄 친 곳의 발음에 주의하면서 읽으세요.

아침 일찍 <u>학교</u>에 가서 <u>숙제</u>를 했어요.

이번 시험은 <u>듣기</u>예요. 잘 <u>듣고</u> 답을 고르세요.

동생이 좋은 회사에 <u>합격</u>해서 기뻐요.

친구가 절 <u>믿지</u> 않아서 <u>답답</u>해요.

마. 문장 연습2

① 단어 경계를 넘어서 적용되는 음운변동(경음화)을 포함한 문장으로 연습한다.

---

1. 모두 <u>몇 분</u>이세요?
2. 전화번호가 <u>몇 번</u>이에요?
3. 바빠서 파티에 <u>못 가요</u>.
4. <u>일곱 시</u>까지 오세요.
5. 맥주 <u>다섯 잔</u> 주세요.

---

② 단어 경계를 넘어서 적용되는 음운변동(비음화)을 포함한 문장으로 연습한다.

---

1. 여자가 몇 명이에요?
2. 생일인데 미역국 먹었어요?
3. 어제 파티에 어떤 음식 나왔어요?
4. 숙제가 많아서 오늘 같이 못 놀아요.
5. 옷 많이 샀어?
6. 집 나가면 고생이야.

바. 대화 연습: 목표 음운변동(비음화)을 포함해 유의미적 맥락에서 대화를 연습한다.

---

* 다음 대화를 짝과 함께 읽으세요

가: 어머, 원숭이가 옷을 입네요.
나: 신기하네요

1) 옷을 입다   2) 바나나를 먹다   3) 얼굴을 씻다   4) 책을 읽다   5) 문을 닫다

■ 음운변동 교육 교안 예시

주제	평폐쇄음 뒤의 경음화
학습 목표	평폐쇄음 'ㄱ, ㄷ, ㅂ' 뒤에 오는 'ㄱ, ㄷ, ㅂ, ㅅ, ㅈ'은 [ㄲ, ㄸ, ㅃ, ㅆ, ㅉ]로 소리가 바뀌는 것을 이해하고 발음한다.
학습 대상	초, 중급 학습자

단계	내용	유의점
도입	〈소리 나는 대로 쓰기〉 : 평폐쇄음 뒤 경음화 현상이 포함된 단어를 듣고 소리 나는 대로 쓰기를 통해 도입 1. 교사: 단어를 듣고 들리는 대로, 소리대로 써 보세요. '집들이' **집들이** **[집뜨리]** 어떻게 읽어요? (판서) '집뜨리' 맞아요. 이렇게 썼어요? 이번에도 듣고 들리는 대로, 소리대로 써 보세요. 짝과 비교해 보세요. 같아요, 달라요? **직장** **[직짱]** 어떻게 읽어요? (판서) '직짱' 맞아요. 여러분, 여기 보세요. 이거('직장') 어떻게 읽어요? '직짱' 이렇게 읽어요. 〈그림 보고 단어 말하기〉 1. 교사: (그림 보여 주며) 친구 생일에 무엇을 줬어요? 　　　　네, '꼳따발'을 줬어요. 	〉 시간이 부족할 경우 '소리 나는 대로 쓰기'는 한 단어만 해도 좋다. 〉 '소리 나는 대로 쓰기'는 학습자가 모르는 단어로 하는 것이 좋다. 아는 단어는 철자대로 쓰는 습관이 있기 때문이다.

단계	내용	유의점
	〈학습 목표 및 목적 제시〉 1. 교사: '집들이, 직장, 꽃다발' 이 단어들은 말하는 것과 쓰는 것이 조금 다르지요? 어떻게 달라요? '뜨, 짜, 따' 맞아요. 오늘 이렇게 달라지는 발음을 배울 거예요.	
제시	〈목표 음운 규칙이 포함된 단어 듣기〉 1. 교사: 여러분 제가 어떻게 읽는지 잘 들으세요. 　　　(판서) 학교, 돋보기, 탑승 　　　소리가 어떻게 달라요? 2. 각 단어의 평폐쇄음을 동그라미한 후 이어지는 자음이 경음으로 바뀌는 것을 판서한다. 학교 [ㄲ] 돋보기 [ㅃ] 탑승 [ㅆ] 〈음운 규칙 설명하기〉 ㄱ ㄷ ㅂ + ㄱ ㄷ ㅂ ㅅ ㅈ ⇨ ㄲ ㄸ ㅃ ㅆ ㅉ 1. 교사: 받침 소리에 ('ㄱ, ㄷ, ㅂ') 있어요. 그럼 뒤에 오는 ('ㄱ, ㄷ, ㅂ, ㅅ, ㅈ') 이 소리들이 ('ㄲ, ㄸ, ㅃ, ㅆ, ㅉ) 이렇게 바뀌어요. 2. 받침이 'ㄱ, ㄷ, ㅂ'이 아닐 경우 7가지 받침 소리를 상기시킨 후 규칙을 적용하는 예를 보여준다. 앞집 [ㅉ] =[ㅂ] 첫사랑 [ㅆ] =[ㄷ]	〉 받침소리가 'ㄱ, ㄷ, ㅂ'인 단어들로 충분히 연습한 후에 제시해도 좋다.
연습	〈단어 읽기 연습〉 1. 교사: 소리가 바뀌는 곳에 ○하고 주의하면서 짝과 함께 읽어 보세요. 2. 교사: 듣고 따라 읽으세요.	

단계	내용	유의점
	- 학교 식당 복사 극장 택배 먹다 섞다 - 돋보기 곧장 듣기 꽃집 늦게 닫다 - 탑승 습도 입국 앞집 입다 덮다 〈듣고 소리가 바뀌는 곳 찾기 연습〉 1. 교사: 여러분, 다음 문장을 듣고, 어디에서 소리가 바뀌 　는지 찾아보세요. 1. 밥을 먹거나 빵을 먹어요. 2. 그 옷을 입지 마세요. 3. 그 사람이 제 첫사랑이에요. 4. 음악을 듣고 있어서 못 들었어요. 〈문장 읽기 연습〉 : 밑줄 친 부분 주의해서 읽기 1. 이불을 꼭 <u>덮고</u> 주무세요. 2. 저는 <u>하숙집</u>에 살아요. 3. 생일에 <u>꽃다발</u>을 <u>받고</u> 싶어요. 4. 내가 <u>읽던</u> 책이 어디에 <u>있지</u>? 5. <u>학생 식당</u>에서 밥을 먹었어요. 6. 공부를 열심히 <u>했지만</u> 시험을 잘 <u>못 봤어요</u>. 1. 모두 <u>몇 분</u>이세요? 2. 전화번호가 <u>몇 번</u>이에요? 3. 바빠서 파티에 <u>못 가요</u>. 4. <u>일곱 시</u>까지 오세요. 5. 맥주 <u>다섯 잔</u> 주세요. 〈유의적 맥락에서 연습하기〉 가: 주말에 뭐 할 거예요? 나: 친구와 <u>고향 음식</u>을 먹기로 했어요. - 고향 음식을 먹다, 맛집을 찾다, 청계천에서 걷다, 　음악을 듣다, 산에서 쓰레기를 줍다 * 중급 학습자는 '간접화법'을 이용해 유의적 연습을 할 수 　도 있다.	〉 학습자들이 연습하는 동안 교사가 돌아다 니면서 듣고, 오류를 수정하고, 칭찬을 통 해 격려해 준다.

단계	내용	유의점
	가: 수진 씨가 <u>남자친구가</u> 있대요. 나: 그래요? 몰랐어요. - 결혼했다, 영화를 찍었다, 머리를 잘랐다, 살을 뺐다	
마무리	이번 시간에 학습한 것을 이해했는지 확인하고, 과제를 부여한다.	

제8장 한국어 억양의 특징과 교육의 실제

1. 한국어 억양의 특징

■ 억양의 기본 단위1: 말토막, 강세구

　한국어의 억양에 대한 이론적인 논의는 주로 90년대 이후에 활발하게 이루어져 왔으며, 이호영(1996), Jun(2000) 등이 그 대표적인 논의라고 할 수 있다. 음운론이나 형태론의 체계적인 기술을 위해서 음소, 형태소라는 기본 단위를 설정하듯이 억양에 대해 체계적으로 기술하기 위해서도 먼저 생각해야 할 것은 무엇이 억양의 기본단위가 되는가 하는 것이다.

　이호영(1996)에서는 한국어의 리듬 패턴이 얹히는 단위로 '말토막'을 설정하고 있다. 예를 들어 '학교에서 공부했어.'라는 문장을 천천히 발화할 때 우리는 '학교에서'와 '공부했어' 사이를 끊어서 말하게 된다. 즉 '학교에서'와 '공부했어' 사이에 '휴지(pause)'를 두게 되는데 이 휴지가 '말토막'의 경계가 되어 '학교에서 공부했어.'라는 발화는 두 개의 말토막으로 이루어져 있다고 할 수 있게 된다.

　이 말토막에는 하나의 리듬 패턴이 얹히게 되는데 이것이 다른 언어와 차이를 보이는 한국어의 특징이 된다. 예를 들어 '밥을 먹을 때마다 김하고 먹어요.'라는 문장을 외국인이 발화하면서 '밥을', '김하고'에서 '밥'과 '김'을 강하게 혹은 높게 발음했다고 생각해 보자. 문장의 의미를 이해하는 데는 어려움이 없겠지만 뭔가 부자연스러운 억양으로 말하고 있다는 느낌을 가지게 될 것이다. 이것은 말토막이라는 단위에 얹히는 리듬 패턴이 한국어 모국어 화자와 다르게 발화되었기 때문이다.

　Jun(2000)에서는 이호영(1996)에서 언급한 말토막에 대응하는 단위로 '강세구'를 설정하고 있다.[24] 이 강세구에도 역시 리듬 패턴이 얹히게 되는데 Jun(2000)에서는 이것이 음의 높낮이로 실현되는 것으로 보고 있다. 4음절로 이루어진 강세구의 경우 그 리듬 패턴은 THLH로 표시할 수 있다. 여기서 T는 강세구의 첫 번째 분절음이 격음이거나 경음, 마찰음이면 높게(H) 실현되고 그렇지 않으면 낮게(L) 발화되는 것을 의미한다. '학교에서'의 경우 첫 음절의 '학'이 마찰음 'ㅎ'을 가지고 있으므로 높게 실현되어 '학교에서' 전체는 HHLH의 높낮이를 가지게 된다. 만약 '학교에서'가 아닌 '교실에서'라면 첫 음절인 '교'는 평음 'ㄱ'으로 시작하므로 낮게 실현되어 LHLH의 높낮이로 발화된다고 할 수 있다.

　한국어 억양에 대한 이론적인 접근에서 설정한 '말토막' 혹은 '강세구'는 한국어의 운율이 얹히게 되는 기본 단위가 된다고 할 수 있다. 이러한 리듬 패턴을 익히지 못할 경우 의사소통의 입장에서 보면 문제가 된다고 할 수는 없으나 부자연스러운 억양 혹은 외국인 말투의 한국어 발화가 될 가능성이 매우 크다고 할 수 있다.

---

24) 이 '강세구'라는 억양 단위에 대해 신지영·차재은(2003)에서는 '음운구'라는 용어를 사용하고 있다.

◀ 억양의 기본단위2: 말마디, 억양구

이번에는 말토막, 강세구보다 더 큰 단위에 대해서 생각해 보도록 하자. 이호영(1996)에서는 말토막보다 더 큰 리듬 단위를 '말마디'라고 부르고 Jun(2000)에서는 강세구보다 큰 단위를 '억양구'라고 부른다. 즉 '학교에서 공부했어.'는 두 개의 말토막과 하나의 말마디 또는 두 개의 강세구와 하나의 억양구로 이루어진 발화라고 할 수 있다.

이 말마디 또는 억양구 전체에 걸리는 억양 가운데 문장의 의미를 결정하는 중요한 억양 패턴은 대부분 말마디 혹은 억양구의 마지막 음절에 얹혀서 실현된다. 예를 들어 '학교에서 공부했어.'와 '학교에서 공부했어?'에서 평서문과 의문문의 문장 종결을 결정짓는 것은 '어'에 걸리는 억양의 차이인데 이것을 이호영(1996)에서는 핵억양이라고 하고 Jun(2000)에서는 억양구 경계성조라고 부른다.

말마디나 억양구가 늘 한 문장에 하나만 나타나는 것은 아니다. 한 문장의 발화가 길어지면 그 가운데 말마디나 억양구가 하나 이상 나타날 수도 있다. 다만 발화 중간에 나타나는 말마디나 억양구보다 발화 끝에 나타날 때 문장의 종결이 평서문인지 의문문인지를 결정짓거나 문장의 의미 차이에 관여하는 경우가 많다. 그러므로 한국어 발음 교육에서 억양과 관련하여 관심을 가지게 되는 경우는 발화의 마지막에 나타나는 핵억양이나 억양구 경계성조의 모습이라고 할 수 있다.

◀ 억양의 기본 단위 정리

지금까지 기술한 억양의 기본 단위에 대한 설명을 '학교에서 공부했어.'의 발화 예를 통해 다시 한 번 정리해 보자. 말토막과 강세구, 말마디와 억양구가 서로 대응되는 억양의 기본 단위라고 할 수 있으므로 아래의 설명은 용어의 반복을 피하기 위해 강세구, 억양구를 중심으로 해 보도록 한다.

예) (학교에서)   (공부했어) / (학교에서)   (공부했어)?
    H H L H   L H L L   H H L H   L H L H

우선 이 문장은 '학교에서'와 '공부했어'라는 두 개의 강세구로 이루어져 있다. 첫 번째 강세구에 해당하는 '학교에서'가 마찰음 초성을 가진 '학'으로 시작하므로 강세구의 기본 운율 'THLH'에서 'T'는 'H'로 나타나서 'HHLH'의 강세구 억양을 가지게 되고 '공부했어'의 경우는 'LHLH'의 강세구 억양을 가지는데 마지막 음절에 평서문에 일반적으로 나타나는 억양구 경계성조인 저조(L%)가 걸리므로 'LHLL'로 실현된다. '학교에서 공부했어?'에서 '공부했어?'의 경우는 마지막 음절에 의문문에 일반적으로 나타나는 억양구 경계 성조인 고조(H%)가 걸리므로 'LHLH'로 실현된다. 이 때 주의할 것은 '학교에서'의 '서'에 걸리는 'HHLH'의 마지막 'H'는 강세구 운율이지만 '공부했어?'의 '어'에 걸리는 'LHLH'의 마지막 'H'는 억양구 경계성조인 H%라는 사실이다. 억양이 가지는 핵심적인 의미 변별 기능은 바로 이 억양구 경계성조에 의해 이루어진다.

지금까지 우리는 기존의 연구를 통해 한국어 억양의 기본 단위가 어떻게 설정되었는지를 살펴보았다. 말토막 혹은 강세구라는 단위에 한국어 고유의 리듬 패턴이 얹혀 발화되는데, 이 리듬 패턴이 제대로 지켜지지 않을 경우, 부자연스러운 억양으로 인해 의사소통이 크게 방해를 받지는 않지만 외국인 말투의 발화임이 쉽게 드러나게 된다.

말토막 혹은 강세구보다 더 큰 억양의 단위로 말마디, 억양구가 있는데 이들은 발화의 마지막에 나타나는 핵억양이나 억양구 경계성조의 실현단위가 된다. 핵억양이나 억양구 경계 성조는 문장 종결법, 종결어미의 양태 의미 실현 등과 관계가 있으므로 이 억양이 제대로 얹혀 발화되지 않는다면 의사소통에 문제가 생길 수 있다. 그러므로 이해명료성이라는 관점에서 볼 때 말토막이나 강세구에 얹히는 리듬 패턴보다 핵억양이나 억양구 경계 성조에 대한 교육이 조금 더 중요성을 가지게 된다고 할 수 있을 것이다.

2. 발음 교육 내용으로서의 억양의 의미와 기능

■ 억양 유형에 따른 억양의 의미와 기능

한국어의 억양에 대한 연구는 억양에 대한 체계적인 기술이 그 목적이므로 핵억양 혹은 경계성조의 유형을 분류하고 설정하는 작업을 수행한다. 이와 같은 핵억양 혹은 경계성조의 유형에 대한 기술은 문법적인 의미와 화용적인 의미를 함께 서술하고 있다. 이호영(1996)과 Jun(2000)에서 제시하고 있는 의미를 표로 정리해 보면 다음과 같다.

[표 8.1] 핵억양과 경계성조의 유형과 의미

이호영 (1996)	억양의 의미		Jun (2000)	억양의 의미	
	문법적인 의미	화용적인 의미		문법적인 의미	화용적인 의미
낮은 수평조	평서, 의문, 명령, 청유	단정하고 냉정함, 사무적이고 정중함.	L%	평서문 사실의 기술	
가운데 수평조	의문사 의문문	퉁명스러운 태도 조심스러운 태도	H%	판정의문문 정보를 구함	
높은 수평조	단순질문, 확인 질문, 되물음, 수사의문문	관심, 흥미, 놀람	LH%	의문문 문장의 계속	놀람, 짜증, 불신
낮내림조	평서문, 판정의 문문, 단순질문, 명령, 청유	단정적이나 부드 럽고 친절함	HL%	평서문, 의문사 의문문, 뉴스보 도	
높내림조	되물음, 수사의 문문	큰 관심, 흥미, 놀람	LHL%	평서문	설득, 주장, 확신, 화남, 불쾌함.
온오름조	되물음의문문	크게 놀람, 의심	HLH%	일반적이지는 않음.	확신, 동의
낮오름조	평서, 의문, 명령, 청유	권유, 부탁	LHLH%	LH%의 의미 강조	놀람, 짜증, 분노, 불신
내리 오름조	평서, 의문, 명령, 청유	확인, 달램, 화남	HLHL%	HL%의 의미 강조	확신, 주장, 조르거나 설득
오르 내림조	평서, 의문, 명령, 청유	짜증, 귀찮음, 경멸	LHLHL%	LHL%와 유사함	화남, 짜증, 불쾌

위의 표를 통해 알 수 있듯이 억양에 대한 이론적인 접근에서는 한국
어 억양의 체계적인 기술을 위해 핵억양 혹은 경계성조의 유형을 목록
화하고 그 의미에 대해 기술하고 있다. 그런데 위의 표에서 기술하고
있는 각각의 억양 유형에 대한 문법적인 기능과 화용적인 기능을 살펴
보면 그 유형과 의미가 일대일로 대응되지 않음을 확인할 수 있다. 즉
다른 억양 유형이 동일한 의미를 실현하는 경우도 있고 하나의 핵억양
이나 경계성조가 여러 의미를 실현하는 경우도 있다.

이것을 외국인 학습자를 위한 한국어 교육의 관점에서 본다면 핵억양이나 경계성조의 목록 자체가 억양 교육의 내용이 되기는 어렵다고 할 수 있을 것이다. 외국인 학습자의 관점에서 본다면 이와 같은 한국어 억양 유형에 대한 지식보다 중요한 것은 의사소통에 사용되는 문장 혹은 담화의 의미가 어떠한 억양 차이를 보이고 그것을 어떻게 습득할 것인가에 관한 것이라고 할 수 있다. 그렇다면 외국어로서의 한국어 억양 교육에 있어서 우선순위를 두어야 할 내용은 한국어 억양의 기본 단위에 대한 이해라기보다 각각의 문형이나 문장에 얹혀 실현되는 억양의 상대적인 차이에 대한 이해와 학습이라고 할 수 있을 것이다.

◤ 의사소통적 관점에서 본 억양의 의미와 기능

Chun(2002)에 의하면 의사소통적 관점에서 억양의 의미와 기능은 크게 문법적 기능, 화용적 기능, 사회언어학적 기능, 감정 및 태도의 전달 기능으로 나누어 볼 수 있다. 이 각각의 기능을 한국어 억양 교육의 관점에서 살펴보면 다음과 같다.

① 문법적 기능

억양의 문법적 기능이라 함은 문장 유형에 따른 억양의 차이를 의미한다. 예를 들어 '-어/아(요), -지(요)'처럼 여러 문장 유형에 사용되는 어미의 경우 억양에 의해 그 문장이 평서문인지 의문문인지 아니면 명령문인지가 구별되는 것이다. 또한 의문사를 가진 의문문이 판정의문문으로 쓰였는지 설명의문문으로 쓰였는지도 억양에 의해 구별된다.

② 화용적 기능

억양의 화용적 기능이라 함은 동일한 표현이 화자의 의도에 따라 다른 억양을 갖게 되는 것을 의미한다. 아래의 예와 같은 영어 문장은 억양에 따라 순수한 질문이 될 수도 있고 제안의 의미를 가질 수도 있다. 이것을 한국어에 적용시킨다면 '-(으)ㄹ걸'을 예로 들 수 있을 것이다. 동일한 평서문에 쓰이더라도 억양에 따라 '아쉬움'의 의미를 가질 수도 있고 '추측'의 의미로 사용될 수도 있기 때문이다.

> 예) Why don't you move to California?
> 지금쯤 도착했을걸. / 좀 더 열심히 할걸.

③ 사회언어학적 기능

억양의 사회언어학적 기능이라는 것은 영어 교육에서 미국 영어와 영국 영어가 가지는 억양의 차이가 의사소통에 미치는 영향을 의미한다고 할 수 있을 것이다. 아마도 한국어의 방언이 보여 주는 억양의 차이가 의사소통에 미치는 영향도 이와 같은 사회언어학적 기능에 속한다고 할 수 있을 것이다. 그러나 이러한 기능이 억양의 중요한 역할이기는 하지만 억양 교육의 기본적이고 본질적인 대상이라고 보기는 어렵다. 또한 언어학적인 연구 가운데 한국어 교육에 적용할 만한 일반적인 원리가 합의된 것을 현재로는 찾기 어렵다.

④ 감정 및 태도의 전달 기능

감정 및 태도의 전달 기능은 억양의 사회언어학적 기능과 비교해 볼 때, 의사소통의 관점에서 보면 사회언어학적 기능보다 상대적으로 중요하다고 할 수 있다. 그러나 감정 및 태도의 전달 기능을 갖는 억양 패턴을 일반화시켜 교육 내용으로 삼는 것은 쉽지 않다. 감정 및 태도의 전달 기능을 갖는 억양 패턴은 이론적으로도 아직 일치되지 않는 모습을 보여주는 경우가 있기 때문이다.

이를 종합해 보면 억양이 가진 네 가지 기능 가운데 사회언어학적 기능이나 감정 및 태도의 전달 기능보다 문법적 기능과 화용적 기능이 한국어 억양 교육의 우선적인 교육 내용이 되어야 함을 알 수 있다.

억양 교육에서의 우선순위

그런데 앞서 보았듯이 억양과 의미는 일대일 대응을 보여주지 않는다. 둘 이상의 억양이 하나의 의미를 나타내는 경우도 있고 둘 이상의 의미가 하나의 억양에 의해 표시되는 경우도 있다. 또한 연구자에 따라 각 억양 패턴이 보여주는 문법적, 화용적 의미가 일치하지 않는 경우도 있다. 그렇다면 의사소통적인 관점에서 볼 때 우선적으로 가르쳐야 할 한국어의 억양은 어떤 것이어야 할까? 발화의 끝에 걸리는 핵억양이나 억양구의 경계성조는 결국 문말의 어미에 얹혀 실현이 된다. 그 가운데에서도 동일한 형태의 어미가 억양에 의해 다른 의미로 실현되는 경우가 억양 교육에서 우선적인 교육 내용이 될 수 있지 않을까 한다.

동일한 형태의 어미들의 의미 변별에 억양이 관여하는 경우는 크게 세 가지로 나누어 볼 수 있을 것이다.

(1) 서법에 따른 억양의 실현: -아/어(요), -지(요) 類
(2) 담화 기능에 따른 억양의 실현: -아라/어라 類
(3) 양태에 따른 억양의 실현: -을걸 類

이들 각각에 대해서 좀 더 자세히 살펴보기로 한다.

서법에 따른 억양의 실현

억양의 가장 대표적인 문법 기능은 발화 끝의 종결어미에 얹혀 실현되는 억양에 의해 문장의 유형 즉 서법이 결정되는 것이다. 예를 들어 어미 '-아요/어요'가 평서문, 의문문, 명령문, 청유문 가운데 어떤 문장의 유형으로 사용되는지는 억양의 실현에 의해 확인된다. 평서문, 의문문, 명령문, 청유문의 억양 실현에 대해 간단하게 언급해 보면 다음과 같다.

우선 평서문의 억양은 기본적으로 하강조로 나타난다. 또한 용언 어휘의 음절수가 늘어나더라도 하강조의 패턴은 동일하다.

예) 가, 가요, 먹었어, 먹을 거야, 운동했어요. 운동할 거예요.

의문문의 억양은 의문사가 없는 의문문과 의문사가 있는 의문문, 선택의문문으로 구분하여 제시할 필요가 있다. 먼저 의문사가 없는 의문문은 기본적으로 상승조로 나타난다. 여기서 음절 수가 늘어나더라도 그 패턴은 동일하다. 이 때 중요한 것은 상승조가 걸리는 마지막 음절과 그 앞 음절 사이의 억양의 기울기가 매우 급격하다는 것이다. 대부분의 언어에서 의문문의 억양은 상승조로 나타나는 것이 일반적이지만 그 상승 곡선의 기울기가 모두 다 한국어와 동일하게 급격한 모습을 보이는 것은 아니다.

> 예) 가?, 봐요?, 만났어? 맛있어요?
>
>   가?
>   봐요?
>   만났어?
>   맛있어요?

한편 의문사가 있는 의문문은 설명의문문인지, 판정의문문인지에 따라 초점이 달라진다. 장소를 묻는 설명의문문의 '어디 가요?'는 초점이 '어디'에 놓이면서 하강조로 나타난다.[25]

> 예) 가: 어디 가요?
>   나: 시장에 가요.
>   어디 가요?

그러나 가는지의 여부를 묻는 '어디 가요?'의 경우는 초점이 '가요'에 놓이면서 의문사가 없는 의문문에서와 마찬가지로 상승조로 실현된다.

> 예) 가: 어디 가요?
>   나: 아뇨, 아무데도 안 가요.
>   어디 가요?

---

25) 설명의문의 경우 실제 발화에서는 문말의 억양이 판정의문문만큼은 아니지만 상승조를 보이기도 한다.

선택의문문은 문말의 억양구 경계성조가 현실 발음에서 하강조, 상승조로 모두 나타나는 듯하다. 그런데 한국어 학습자에게 중요한 억양은 문말의 억양구 경계성조라기보다 선택의문문의 앞부분에 걸리는 억양이다. 한국어 학습자에게 자주 보이는 억양의 오류는 '갈래요, 안 갈래요?'에서 앞부분의 '갈래요'를 의문사가 없는 의문문처럼 상승조로 발화하는 경우이다. 그러나 선택의문문의 앞부분은 일반적인 의문문의 상승조처럼 기울기가 급격하지 않다.

예) 갈래요, 안 갈래요? 밥 먹을래, 빵 먹을래?

갈래요, 안 갈래요?

밥 먹을래, 빵 먹을래?

청유문의 억양은 마지막 음절에서 하강조 또는 하강·상승조로 나타난다.

예) 같이 가요. 내일 만나요. 내일 만나시죠.

같이 가요.

내일 만나요.

내일 만나시죠.

명령문의 억양도 일반적으로 하강조로 나타난다. 다만 명령보다 부탁의 뜻이 강할 때는 끝을 약간 올려서 말하기도 한다.

예) 여기 봐. 잘 들어. 공부해.

여기 봐.

잘 들어.

공부해.

담화 기능에 따른 억양의 실현

담화 기능에 따른 억양의 실현 예로서 '-아라/어라'를 들 수 있다. 오미라·이해영(1994:114)에서 제시한 어미 '-어라/아라'의 예를 제시하면 다음과 같다.

① **명령문 - 단순명령**

엄마: 숙제부터 해 놔.
아들: 엄마 텔레비부터 보고 할래요.
엄마: 그래. 텔레비 **봐라.**
아들: 네. 텔레비 보고 할게요.

② **명령문 - 협박, 위협, 훈계**

엄마: 숙제부터 해 놔.
아들: 엄마 텔레비부터 보고 할래요.
엄마: 그래. 텔레비 **봐라.**
아들: 엄마, 제발 부탁이에요. 만화동산만 보게 해 주세요.

이 경우에는 어미 '-어라/아라'가 직접적으로 '협박, 위협, 훈계'의 의미를 가지고 있는 것이 아니라 '명령문'이 수행하는 담화 기능 가운데 '협박, 위협, 훈계'의 의미가 포함된 것이라고 볼 수 있다. 위의 '협박, 위협, 훈계'의 의미는 어미 '-어라/아라' 대신에 어미 '-아/어'가 명령문의 서법에 사용될 때에도 동일한 억양으로 실현되므로 이러한 해석이 가능하다. 또한 이것이 어미 '-어라/아라'가 가진 고유한 의미가 아니라고 하는 것은 다음과 같이 '-어라/아라'에 대한 사전의 의미 기술을 살펴보아도 분명하다.[26)]

〈표준국어대사전〉

-아라01

「1」 (('가다'와 '가다'로 끝나는 동사, '오다'와 '오다'로 끝나는 동사를 제외하고 끝 음절의 모음이 'ㅏ, ㅗ'인 동사 어간 뒤에 붙어))해라할 자리에 쓰여, 명령하는 뜻을 나타내는 종결 어미.
  ¶내 손을 꼭 **잡아라**./그것을 잘 **보아라**.

「2」 ((끝 음절의 모음이 'ㅏ, ㅗ'인 형용사 어간 뒤에 붙어))감탄의 뜻을 나타내는 종결 어미.
  ¶참, 달도 **밝아라**./아이, **좋아라**.

'-어라/아라'의 경우 외에도 물음을 나타내는 종결어미 '-나'를 들 수 있을 것이다. '-나'는 질문을 할 때에도 쓰이고 혼잣말하듯이 말할 때에도 쓰인다.

① -나 - 질문

　자네, 언제 **떠나나?**
　글쎄. 다음 주쯤 갈 생각이야.

② -나 - 자문

　정민이가 안색이 안 좋네. 무슨 일이 **생겼나?**

---

26) 표준국어대사전의 경우 명령의 의미와 감탄의 의미가 하나의 표제어 '-라' 아래에 다의적으로 기술되어 있으나 국립국어원(2005)의 경우에는 각각의 의미가 '-라1'과 '-라2'로 나누어 기술되고 있다. 감탄의 의미는 형용사에만 한정되어 나타나며 '명령'과 '감탄'의 의미를 다른 억양으로 실현하는 경우는 다른 어미들의 경우를 살펴보아도 찾아보기 어려우므로 역시 '-라1'과 '-라2'로 나누어 서술하는 것이 타당한 것으로 생각된다.

이러한 구별은 앞서 살펴본 '-아라/어라'가 '명령'의 담화 기능을 수행하면서 '협박, 위협, 훈계'의 의미가 포함된 것으로 본 것과 평행하게 '질문'이라는 담화 기능을 수행하면서 '자문'의 의미가 포함된 것으로 볼 수 있을 것이다. 이것은 '-나'뿐만 아니라 다른 의문의 종결어미인 '-을까'의 경우에도 해당한다. 즉 이것은 '-나'의 여러 가지 양태 의미가 억양의 차이로 실현되었다기보다 '질문'이라는 담화 기능이 수행하는 다양한 의미들이 억양을 통해 실현되는 것으로 볼 수 있으며 이러한 경우에는 역시 다른 어미들이 동일한 담화 기능을 수행할 때 동일한 억양의 실현을 보이는 것이다.

🔲 양태에 따른 억양의 실현

양태에 따른 억양의 실현 예로서 '-을걸'을 들 수 있다. '-을걸'의 대화 예를 제시하면 다음과 같다.

① 평서문 - 아쉬움

　　가: 말하기 시험 점수가 엉망이야. 좀 더 열심히 **공부할걸**. ↘
　　나: 기말시험 잘 보면 괜찮을 거예요.

② 평서문 - 추측

　　가: 지금쯤 도착했을까요?
　　나: 아마 **도착했을걸**. ↗

여기서 '-을걸'의 두 의미가 다른 억양에 의해 실현되는 것은 위에서 살펴본 '-어라/아라'의 경우와는 그 기제가 다르다고 볼 수 있다. 이때의 억양은 '평서문'이 수행하는 어떤 담화 기능이 작용한 것이 아니라 '-을걸'이 가지고 있는 '추측, 아쉬움'이라는 양태 의미가 억양에 있어서도 다르게 실현되는 것이라고 할 수 있다. '-을걸'에 대한 사전의 기술을 통해서도 이를 확인할 수 있다.

〈표준국어대사전〉
-을걸

「1」 (('ㄹ'을 제외한 받침 있는 용언의 어간이나 어미 '-었-' 뒤에 붙어))(구어체로) 해할 자리나 혼잣말처럼 쓰여, 화자의 추측이 상대편이 이미 알고 있는 바나 기대와는 다른 것임을 나타내는 종결 어미. 가벼운 반박이나 감탄의 뜻을 나타낸다.
¶그 사람은 벌써 **떠났을걸**/아마 지금쯤 동생은 제 방에서 빵을 **먹을걸**/그렇게 서두르다가는 피라미 한 마리도 못 **낚을걸**/그 집은 마당이 너무 **좁을걸**/내년이면 **늦을걸**/생각만큼 쉽지 **않을걸**

「2」 (('ㄹ'을 제외한 받침 있는 동사 어간이나 어미 '-었-' 뒤에 붙어))(구어체로) 혼잣말에 쓰여, 그렇게 했으면 좋았을 것이나 하지 아니한 어떤 일에 대하여 가벼운 뉘우침이나 아쉬움을 나타내는 종결 어미.
¶밥을 먹으라고 할 때 **먹을걸**/하라고 할 때 그 일을 **맡을걸**/그들이 가까운 데에 살았으면 좀 더 잘해 **줬을걸**

다시 말하자면 '-을걸'의 경우 어미의 기본적인 의미로 '추측과 아쉬움'을 가지고 있으며 각 의미에 따라 억양의 실현이 다르다는 것이다. 그러나 '-어라/아라'의 경우에는 어미가 가지고 있는 기본적인 의미가 아니라 담화 참여자에게 미치는 발화의 영향이 억양을 통해 실현된 것이다.

'-을걸' 외에 '-거든(요)'도 양태 의미에 따라 억양이 다르게 실현되는 어미에 속한다. '-거든(요)'은 이유를 말할 때의 억양과 자기가 하고자 하는 말의 배경이 되는 상황을 말할 때의 억양이 다르다. 이유를 말할 때의 억양은 하강조로 나타나며, 배경의 의미를 가질 때에는 약간 상승조로 나타난다.

> 예) 가: 왜 이렇게 힘이 없어요?
> 　　나: 어제 잠을 거의 못 **잤거든요.** ↘
>
> 　　가: 어제 백화점에 **갔거든.** ↗ 그런데 거기서 김수현을 봤어.
> 　　나: 정말? TV로 볼 때보다 더 멋있어?

　그런데 '-거든(요)'의 경우 최근에는 상승조의 억양이 상대방의 말에 대한 반박의 의미로 더 빈번하게 쓰이고 있다.

> 예) 가: 너 과제 아직 시작도 안 했지?
> 　　나: **아니거든.** ↗ 다 해서 어제 제일 먼저 **제출했거든.** ↗

　이러한 상승조의 억양이 이유를 말할 때의 하강조 대신 사용될 경우 의사소통의 방해가 일어날 수 있다. 한국어 학습자의 경우 '-거든'의 의미를 알고 있으면서도 실제 의사소통 상황에서 '-거든'의 사용을 회피하는 경향이 있는데 이는 하강조의 억양 실현이 제대로 구현되지 않아 의사소통에 자주 오해가 생기기 때문이다.

■ 의미에 따라 억양 실현이 다른 종결어미들에 대한 검토

이 외에도 의미에 따라 실현되는 억양이 다른 어미들이 다수 있다. 국립국어원(2005)를 중심으로 그 목록을 정리하면 다음과 같다.[27]

[표 8.2] 의미에 따라 억양 실현이 다른 종결어미 목록

어미	의미	억양 표시의 유무
-거든2	1. 이유 2. 배경 설명 3. 감탄	×
-고	1. 의문 2. 빈정거림, 대꾸	○
-(는)구나	1. 감탄 2. 확인	×
-네2	1. 감탄 2. 확인	○
-는다고	1. 주장 강조 2. 걱정 해소	○
-는다더라	1. 전달 2. 자문	○
-는데2	1. 감탄 2. 의문 3. 전달 4. 걱정	△[28]
-라니	1. 감탄 2. 의문	○
-라며	1. 확인 2. 가벼운 반박	×
-을걸	1. 추측 2. 아쉬움	○
-을 텐데	1. 추측 2. 아쉬움[29]	×

억양 기술의 측면에서 국립국어원(2005)의 어미 용법에 대한 사전적 기술을 살펴볼 때에 우리는 다음과 같은 문제점을 발견할 수 있다.[30]

---

27) 이 목록의 마지막에 제시된 '억양 표시의 유무'는 국립국어원(2005)의 어미 용법에 대한 사전적 기술에 억양에 대한 언급이 있는 경우와 없는 경우를 표시해 놓은 것이다.
28) '는데2'의 경우 1. 감탄의 경우에만 억양에 대한 언급이 있고 다른 경우에는 억양에 대한 언급이 없다.
29) 사실 국립국어원(2005)에는 '-을 텐데'가 '추측'의 의미로만 기술되어 있고 '아쉬움'의 의미는 기술되어 있지 않다. 그러나 본고에서는 '아쉬움'의 의미도 이 어미가 가지고 있는 기본 의미로 파악하고자 한다.
30) 위의 표에 정리된 내용이 그대로 국립국어원(2005)의 내용은 아니며 필자가 국립국어원(2005)의 내용을 바탕으로 하여 재정리한 것이다.

우선 억양에 대한 정보가 부분적으로 표시되어 있다. 사실 기존의 사전에는 억양에 대한 정보가 거의 없었기 때문에 외국인 학습자를 대상으로 하는 사전으로서 어미의 기술에 억양에 대한 내용을 포함시킨 것 자체는 매우 고무적인 것이라 할 수 있을 것이다. 다만 그 억양에 대한 언급이 일관된 기준에 의해 이루어지지 않은 점이 다소 아쉽다고 할 수 있다. 예를 들어 '-네2'의 경우에는 '말하는 사람이 추측하거나 짐작한 내용에 대해 듣는 사람에게 동의를 구하며 물어볼 때 쓴다. 문장 끝의 억양이 보통 올라간다.' 라는 언급을 통해 억양에 대한 정보를 사전에서 기술해 주고 있다. 그러나 '-거든'의 경우 '이유, 배경 설명'과 관련하여 억양 실현의 차이가 있는데도 불구하고 그러한 내용이 기술되지 않았다.

또한 억양과 관련 지을 때 그 의미의 기술이 불충분한 부분도 보인다. '-을 텐데'의 경우 '문장 종결형처럼 쓰여 말하는 사람의 추측을 나타내기도 한다.'라고만 기술되어 있을 뿐 아쉬움의 의미는 따로 구별하지 않았다.31) 그러나 오미라·이해영(1994:117)의 다음과 같은 예를 보면 '-을 텐데'는 분명히 아쉬움의 의미도 가지고 있는 것으로 보이며 그 억양의 실현도 '추측'의 의미와는 다른 듯하다.

지영: 손님들이 음식을 잘 안 먹는군요.
수미: 맛이 없나 봐요. 맛이 있으면 많이 **먹을 텐데.**

'-는구나'의 경우에는 위의 표에서 제시된 것처럼 의미를 나누지 않고 단지 다음과 같이 기술하고 있다.

---

31) 물론 이것은 표준국어대사전에서도 기술되어 있지 않다. '-을 텐데'에서 띄어쓰기가 이루어진 점으로 알 수 있듯이 아직 하나의 어미로서 인정되지 않아 표제어로조차 등재되어 있지 않다.

> 1. [말할 때 아랫사람에게나 친구와 같이 친한 친구 사이에서] 새롭게 알게 된 사실에
>   대해 어떤 느낌을 실어 다른 사람에게 말하거나 혼잣말처럼 할 때 쓴다.
>   ① 와! 지금 밖에 눈이 오는구나.
>   ② 아기가 우유를 혼자서도 잘 먹는구나!
>   (①은 조금 전에는 몰랐는데 지금은 눈이 온다는 것을 새롭게 알게 되어 감탄함
>   을 나타내고 (중략) ⑤⑥과 같이 어떠한 사실을 확인하듯이 물어보거나 빈정거
>   리는 경우에서 쓴다.)
>   ⑤ 이제 학교에 가는구나?
>   ⑥ 웬일로 네가 공부하는구나.

그러나 ①과 ⑤는 그 억양에서 분명히 차이를 보이고 있다. 국립국어원
(2005:168)에도 위와 같은 설명이 기술되어 있다. 그럼에도 불구하고 의미
를 나누어 기술하지 않은 것은 다소 이상하다. 특히 위에서 언급한 '-네
2'의 경우에는 국립국어원(2005:119-120)에서 용법을 나누어 기술하고 있으
며 억양 정보도 주고 있어 '-는구나'의 기술과 불균형을 이루고 있다.

> 1. 말하는 사람이 직접 경험하여 새롭게 알게 된 사실에 대해 감탄함을 나타낼 때 쓴
>   다.
>   ① 이 식당 음식이 꽤 괜찮네.
>   ② 아, 밤사이에 흰 눈이 내렸네.(중략)
>
> 2. 말하는 사람이 추측하거나 짐작한 내용에 대해 듣는 사람에게 동의를 구하며 물어
>   볼 때 쓴다. 문장 끝의 억양이 보통 올라간다.
>   ① 그럼, 내가 이거 먹어도 되겠네?
>   ② 그렇게 작은 것에 감동하다니, 눈이라도 오면 감격해서 울겠네?(중략)

이와 같은 과정을 통해 의미에 따라 다른 억양의 실현을 보이는 종결어미 목록이 얻어졌다고 해도 이 목록이 바로 한국어 억양 교육의 내용이 될 수 있는 것은 아니다. 비록 의미에 따라 다른 억양의 실현을 보인다고 해도 그 실현되는 양상이 뚜렷하게 구별되지 않는 것이라면 어떻게 가르쳐야 할 것인가 하는 문제가 발생하기 때문이다.

'-다면서, -라면서'를 하나의 예로서 설명해 보도록 한다. '-다면서, -라면서'는 다른 사람에게 들은 말을 확인하기 위해 묻거나, 대화 상대자가 앞에 한 말과 다른 뜻으로 말했을 때 약간 반박하는 의미로 다시 물을 때 사용된다. 이 때 억양은 다르게 실현된다.

① **확인의 의미**

    가: 내일 부모님이 한국에 **오신다면서?**
    나: 응. 빨리 만나고 싶어.

② **약간 반박하는 의미**

    가: 여기가 한국에서 제일 맛있는 라면집이야.
    나: 그래? 한번 먹어 보고 싶다.
    가: (장소를 옮겨) 여기도 한국에서 제일 맛있는 라면집이야.
    나: 아까 거기가 제일 맛있는 **집이라면서.**

그런데 ①의 의미로 사용되는 경우에는 억양이 한 가지만 가능한 것은 아닌 듯하다. 억양을 올려서(H%) 말하는 것도 가능하지만 올렸다가 내리는 것도(HL%) 자연스럽기 때문이다. 또한 ②의 경우도 억양을 내려서 말하는 것이 일반적이기는 하지만 강한 반박의 의미로 내렸다 올리는 것도(LH%) 가능하다.[32]

그러나 이러한 사실이 억양 교육을 다소 어렵게 만들 수는 있어도 불가능하게 한다고 보기는 어려울 것이다. 발음 교육의 목표가 모국어 화자와 같은 발음을 구사할 수 있도록 하는 것이 아니라 의사소통의 목적을 충분히 달성할 수 있을 정도의 이해명료성을 확보하는 것이라는 점을 염두에 둔다면 이와 같은 경우에 우리는 어떤 것이 가장 전형적인 억양 유형인가를 정하여 교육할 수 있다. 즉 ①의 경우에는 올려서(H%) 말하는 억양을, ②의 경우에는 내려서(L%) 말하는 억양을 기본적인 억양 유형으로 교수할 수 있을 것이다.33)

그러나 비록 의미에 따라 다른 억양 실현을 보여주더라도 그것이 전형적인 억양 유형을 보여주지 못하거나 두 의미의 억양 실현이 뚜렷하게 구별되는 경우가 아니라면 억양 교육의 일차적인 내용이 되지는 못할 것이다. 따라서 위의 목록 가운데에서도 의미에 따라 실현되는 억양의 차이가 분명하게 인식되는 것을 우선적으로 가르칠 필요가 있다.

지금까지 한국어 억양의 기본 단위가 무엇인지 그리고 억양의 의미와 기능은 어떤 것이며 무엇이 한국어 억양 교육의 우선 순위가 되어야 하는지에 대해서 살펴보았다. 강세구 억양은 의미에 영향을 미치지는 않지만 자연스러운 한국어의 발음에서 필요한 요소이므로 이를 교육 내용으로 삼을 필요가 있다. 그리고 억양구 억양이 가진 여러 기능 가운데 문법적 기능과 화용적 기능은 전형적인 억양 패턴을 중심으로 외국인 학습자에게 발음 교육의 자료로 제시할 필요가 있다. 한국어의 억양구 억양은 문장의 유형(평서문, 의문문, 명령문 등)을 결정짓기도 하지만

---

32) 물론 ①처럼 억양을 올려서(H%) 발음하게 되면 ②의 의미를 가지지 못하는 것은 분명하다.
33) 물론 무엇을 전형적인 억양 유형으로 정하느냐 하는 것은 기존의 한국어 억양에 대한 연구 성과를 바탕으로 결정해야 할 것이다.

동일한 형태가 억양에 의해 다른 의미를 갖는 것도 있으므로 이에 대해서도 따로 목록화하여 교육할 필요가 있다.

3. 한국어 억양 교육의 실제

> "선생님, 주말에 친구를 만나요."
> "그래요? 좋겠어요. 주말 재미있게 보내세요."
> "아니요, 선생님 주말에 친구를 만나요."
> "아~, 질문이에요? 네, 친구를 만나요."

한국어 교실에서 위와 같은 상황을 종종 볼 수 있다. 의문문에 하강조의 억양이 실려서 평서문처럼 들린다거나 반대로 평서문에 상승조의 억양이 실려서 의문문처럼 들리는 경우가 많다. 또한 청유문에 급격한 하강조가 실리면 명령문처럼 들려서 기분이 상하게 되는 경우도 있다. 교실 상황에서는 서로 이해해 줄 수 있지만 학습자가 실생활에서 저런 실수를 한다면 의사소통뿐 아니라 다른 사람과의 관계에도 문제가 생길 수 있다. 한국어에서 억양의 역할이 그만큼 크기 때문이다. 특별한 문제가 생기지 않는다 하더라도 억양이 정확하지 않을수록 '외국인 같다'는 인상이 짙어져서 자신감이 떨어질 수 있다.

억양 교육은 초급 단계에서 평서문, 의문문 등 다양한 문장 유형을 학습할 때 함께 이루어지는 것이 좋다. 또한 앞서 본 것처럼 어미나 어미 결합 표현 중에서도 반드시 억양과 함께 교육이 이루어져야 하는 것들이 있다. 대표적으로 '-(으)ㄹ걸', '-(으)ㄹ래요', '-거든요', '-(으)ㄴ/는데요', '-(으)ㄹ 텐데요' 등이 있다. 억양에 따라 문장 유형, 의미, 어조가 달라지기 때문이다.

억양의 시각적 제시 예

억양을 교육할 때는 억양을 시각적으로 보여주는 것이 중요하다. 주로 화살표나 곡선, 피아노 악보 등을 활용해서 음의 높낮이를 보여준다.

예) 억양 화살표
  (의문문) 영화를 봐요? ↗
  (평서문) 영화를 봐요. ↘

예) 억양 곡선
  평서문: 데이트 해요.

  청유문: 데이트 해요.

예) 악보를 이용해서 음의 높낮이 표시: 설명의문문과 판정의문문의 억양 차이

뭐먹을래요   뭐먹을래요

■ 억양 교육 활동 예

1. **억양 식별 연습**: 문장의 억양을 듣고 의미를 판단해서 해당되는 문장을 고르게 한다.

---

* 밑줄 친 부분을 듣고 1과 2 중에서 맞는 것을 찾으세요.[34]

1. <u>내일 학교에 가요</u>, 안 가요?
2. <u>내일 학교에 가요?</u>

1. <u>커피 마실래요</u> 주스 마실래요?
2. <u>커피 마실래요?</u>

1. <u>빵을 좋아해요</u> 밥을 좋아해요?
2. <u>빵을 좋아해요?</u>

---

2. **의미에 따라 알맞은 억양 선택하기**

---

* 다음 대화를 듣고 어울리는 억양을 고르세요.
가: 나 어제 명동에 <u>갔거든</u>(╱, ╲) 거기에서 가수를 만났어.
나: 정말? 부럽다. 같이 사진도 찍었어?
가: 아니. 못 찍었어. 사람이 너무 <u>많았거든</u>(╱, ╲)

---

34) 이 활동에서 밑줄 친 부분은 일반 의문문 전체와 선택 의문문의 선행 문장까지 편집한 녹음 파일이다. 이 부분을 들려주고, 어떤 의문문인지 찾게 하는 활동이다.

3. 의문문의 억양을 듣고 알맞은 대답 고르기

* 다음을 듣고 맞는 대답을 고르세요.

  1. 어디 가요?
     (시장 가요. / 네, 시장 가요.)
  2. 누구 만났어?
     (철수 만났어. / 아니, 아무도 안 만났어.)
  3. 뭐 먹어?
     (사탕 먹어. / 응, 사탕 먹어.)

4. 억양에 주의하면서 대화 읽기

* 다음 대화를 밑줄 친 부분의 억양에 주의하면서 읽으세요.

  가: 왜 그래? 무슨 고민 있어?
  나: 응, 오늘 백화점에서 우연히 수미의 남자친구를 <u>봤거든?</u>
      그런데 다른 여자 손을 잡고 있었어.
      수미에게 <u>말할까, 말까</u> 고민이야.
  가: 정말? 어떤 <u>여자였는데?</u>
  나: 얼굴은 못 봤어. 내가 뒤에 <u>있었거든.</u> 그런데 짧은 머리였어. 수미는 머리가
      <u>긴데.</u>
  가: 아~ 그거 <u>수미일걸?</u> 수미 어제 머리 자른다고 했어.
  나: 수미가 머리를 잘랐어? 그럼 그 여자가 <u>수미였구나.</u> 다행이다.

■ 억양 교육 교안 예시

주제	일반 의문문과 선택 의문문
학습 목표	일반 의문문과 선택 의문문의 억양 차이를 이해하고 듣고, 말할 수 있다.
학습 대상	초, 중급 학습자

단계	내용	유의점
도입	〈일반 의문문을 읽으며 도입〉 1. 교사: 읽어 보세요. 내일 학교에 가요? 내일 학교에 갈 거예요? 내일 학교에 가고 싶어요? 2. 교사가 다시 읽으면서 문말 억양 곡선을 그린다. 〈선택 의문문 읽어 보기〉 1. 교사: 여러분, 이렇게도 질문할 수 있어요. 읽어 보세요. 내일 학교에 가요, 안 가요? 내일 학교에 갈 거예요, 안 갈 거예요? 2. 교사: 여러분이 (일반 의문문) 이것과 (선택 의문문) 이 것을 똑같이 읽으면, 질문이 끝나기 전에 사람들이 대 답할 거예요. 어떻게 읽어야 해요? 오늘 배울 거예요.	﹥곡선 그리는 것이 어 렵다면 미리 카드나 PPT를 준비한다.
제시	〈두 의문문의 의미와 억양 차이 생각하기〉 1. 교사: '1. 내일 학교에 가요? 어떻게 대답해요? '네, 가요. / 아니요, 안 가요.' '2. 내일 학교에 가요, 안 가요? 어떻게 대답해요? '가요. / 안 가요.' 2. 교사: 여러분 '가요'을 어떻게 읽는지 잘 들어 보세요. '1. 내일 학교에 가요? '2. 내일 학교에 가요, 안 가요? 어때요? 1번의 '가요'와 2번의 '가요'가 같아요? 네, 다르지요?	

단계	내용	유의점

	〈억양 곡선을 통해 시각적으로 제시〉
	
	내일 학교에 가요?
	내일 학교에 갈 거예요?
	내일 학교에 가요, 안 가요?
	내일 학교에 갈 거예요, 안 갈 거예요?
	
	1. (두 의문문의 억양 곡선을 보여 주면서 설명한다.)
	   교사: 1번의 '가요'는 '가' 낮아요. '요' 아주 높아요. '가
	     요?'
	     2번의 '가요'는 '가'와 '요' 둘 다 조금 높아요. 그리
	     고 문장이 끝나지 않았어요. 그래서 길게 발음해
	     요. '내일 학교에 가요- 안 가요?'
	     따라하세요. 내일 학교에 가요- '안 가요?'
	     '안 가요'는 내려갔다가 '요오~?' 이렇게 올라와요.
	     따라하세요. 내일 학교에 가요, 안 가요?
	     읽어보세요. '내일 학교에 갈 거예요, 안 갈 거예요?'
	     좋아요. '갈 거예요' 길게, 높게. '안 갈 거예요?'
	     천천히 내려가요. '요'에서 올라가요.	

연습	〈듣기 연습〉
	1. 일반 의문문 전체와 선택 의문문의 선행 문장까지 편집
	   한 녹음 파일을 들려주고, 어떤 의문문인지 찾게 한다.
	   교사: 여러분, 잘 들으세요.
	     '내일 학교에 가요?' 1번이에요. '내일 학교에 가
	     요, 안 가요?' 2번이에요. 듣고 손가락을 드세요.
	     (녹음 파일 1번) 오늘이 월요일이에요?
	     여러분, 몇 번이에요? 맞아요. 1번이에요.
	     (녹음 파일 2번) 오늘이 월요일이에요?
	     여러분, 몇 번이에요? 맞아요. 2번이에요.
	     '월요일이에요, 화요일이에요? (선택 의문문 뒤도
	     완성해서 다시 읽어 준다.)
	
	   1. 내일 학교에 가요? 2. 내일 학교에 가요, 안 가요?
	      빵 먹을래요? 빵 먹을래요, 밥 먹을래요?
	      오늘이 월요일이에요? 오늘이 월요일이에요, 화요
	                               일이에요?
		〉 교사가 직접 읽어 줘
		도 되지만, 녹음해서
		편집하는 게 더 자
		연스럽다.

단계	내용	유의점
	〈발음 연습〉 교사: 따라 읽으세요. (위의 문장 따라 읽기) 〈유의적 맥락에서 연습하기〉 가: <u>학교에 갈 거예요?</u> 나: 네, 갈 거예요./ 아니요, 안 갈 거예요. 1) 학교에 가다　　2) 내일 만나다 3) 영화를 보다　　4) 지금 밥 먹다 가: <u>학교에 갈 거예요, 안 갈 거예요?</u> 나: 갈 거예요. / 안 갈 거예요. 1) 학교에 가다　　2) 내일 만나다 3) 영화를 보다　　4) 지금 밥 먹다 　교사: 제가 '가', 여러분이 '나' 읽어 봅시다. 　　　　친구하고 같이 읽어 보세요.	〉 학습자들이 연습하는 동안 교사가 돌아다니면서 듣고, 오류를 수정하고, 칭찬을 통해 격려해 준다.
마무리	〈인터뷰하기〉 : 선택 의문문을 만든 후 반 친구들을 인터뷰하고 나와 가장 비슷한 친구를 찾는다. 　　　　　　　　　〈보기〉 1. 매운 음식을 좋아해요, 안 좋아해요? 2. 집에 있는 것을 좋아해요, 나가는 것을 좋아해요? 3. 아침을 먹어요, 안 먹어요? 4. 일찍 자요, 늦게 자요? …	

참고문헌

국립국어원(2005), 『외국인을 위한 한국어문법2 용법 편』, 커뮤니케이션북스.

권성미(2009), 『한국어 발음 습득 연구: 모음 중심의 실험음성학적 연구』, 박이정.

권성미(2010), 연결어미의 종결어미적 쓰임에 나타나는 억양의 중간언어 연구, 『한국어교육』 21-4, 1-23.

권성미(2015), 한국어교육을 위한 발음과 말하기 교육의 통합 방안 연구, 『화법연구』 30, 37-58.

권성미(2017), 『한국어 발음 교육론』, 한글파크.

김기호(2000), "억양 음운론의 관점에서 본 영어와 한국어의 억양 비교: ToBI와 K-ToBI를 중심으로", 『언어』 8-1, 1-26.

김서형·장향실·차재은·전나영(2016), "외국인 한국어 학습자를 위한 단모음의 발음 설명", 『한민족어문학』 72, 93-122.

김선정(2013), "음성학을 활용한 발음 교육 및 습득 연구 동향", 『언어와 문화』 9-3, 117-139.

김성규·정승철(2013), 『(개정판) 소리와 발음』, 한국방송통신대학교 출판부.

김영선(2006), "한국어 교육 발음 교재의 구성 방식과 내용", 『우리말연구』 18집, 237-260.

김은애(2006), "한국어 학습자의 발음 오류 진단 및 평가에 관한 연구", 『한국어교육』 17-1, 71-97.

김은애·박기영·박혜진·진문이(2008), 한국어 억양 교육을 위한 방법론적 고찰-교재 개발의 측면에서-, 『한국어교육』 19-2,1-31.

김형복(2004), "한국어 음운 변동 규칙의 교수-학습 순서 연구", 『한국어교육』 15-3, 23-41.

박기영(2007), "국어 음운론 지식과 한국어 발음 교육의 상관성에 대하여-모음, 자음의 기술을 중심으로-", 『語文研究』 133호, 한국어문교육연구회, 467-489.

박기영(2009ㄱ), "한국어 교재의 발음 기술에 대한 일고찰-음운규칙과 정확성, 유창성의 관계를 중심으로-", 『이중언어학』 40, 57-78.

박기영(2009ㄴ), "한국어 학습자를 위한 한국어 종결어미의 억양 교육 방안-특히 양태 의미에 따른 억양 차이를 중심으로", 『우리어문연구』, 373-397.

박기영(2010), "한국어 음운론과 한국어 발음 교육의 상관성에 대한 일고찰", 『語文論集』 43, 7-30.

박기영·이정민(2017), "한국어 학습자의 평폐쇄음 뒤 경음화 실현 양상에 대한 일고찰", 2017 서울시립대-산동대 국제학술대회 발표문.

박은현(2011), "한국어 학습자를 위한 한국어 발음 진단 방안 연구", 계명대학교 석사학위논문.

박해연(2007), "한국어 억양 발음 교육-한·중 의문문 억양 곡선 비교를 중심으로-", 『선청어문』 35, 185-213.

배주채(2013), 『(개정판) 한국어의 발음』, 삼경문화사.

서 영(2005), "한국어 발음 교육 내용의 선정 및 위계화-중국어권 학습자를 대상으로-", 연세대학교 한국학협동과정 박사학위논문.

서울대 언어교육원(2009), 『외국인을 위한 한국어 발음 47 ①②』, 랭기지플러스.

송기중(2006), "국어의 모음체계에 대한 몇 가지 관찰", 『李秉根先生退任紀念 國語學論叢』, 태학사, 82-110.

신지영(2008), "성인 자유 발화 자료 분석을 바탕으로 한 한국어의 음소 및 음절 관련 빈도", 『언어청각장애연구』 13-2, 193-215.

신지영·장향실·장혜진·박지연(2015), 『한국어 발음 교육의 이론과 실제』, 한글파크.

신지영·차재은(2003), 『우리말 소리의 체계』, 한국문화사.

양순임(2009), "불파음화와 경음화의 실현 양상 분석-중국인 학습자언어를 대상으로-", 『우리말연구』 24, 6-28.

양순임(2014), 『한국어 발음 교육의 내용과 방법』, 태학사.

오미라·이해영(1994), "외국어로서의 한국어 억양 교육", 『한국말교육』 5, 109-125.

오재혁·이정란(2012), 외국인 유학생의 한국어 종결 억양 지각 양상, 『담화와 인지』 19-1, 119-137.

오재혁(2013), 중국인 한국어 학습자의 발성 유형에 따른 한국어 폐쇄음의 변별 지각 양상, 『한국언어문화학』 10-1, 57-73.

왕 단(2004), "중국인 학습자를 위한 한국어 발음 교재 개발 방안-한국어 발음 교재의 비교 분석을 중심으로-", 『이중언어학』 26, 183-210.

윤은경(2011), "음성학 기반의 한국어 모음 교육: 막대 사탕을 이용한 교육 방안 제시", 『한국어교육』 22-2, 281-302.

이경희·정명숙(1999), "일본인을 위한 한국어 파열음의 발음 및 인지 교육", 『한국어교육』 10-2, 233-255.

이석재·김정아·장재웅(2007), "영어, 중국어, 일본어권 화자의 한국어 음운 규칙 적용과정에서의 음소 산출 오류에 관한 연구", 『한국어 교육』 18-1, 365-399.

이진호(2008), '독립(獨立)'류 한자어의 음운론, 『한국문화』 44, 201-216.

이진호(2012), 『한국어의 표준 발음과 현실 발음』, 아카넷.

이진호(2014), 『(개정판) 국어 음운론 강의』, 삼경문화사.

이 향(2017), "한국어 발음 교육 목표와 교육 내용 재고를 위한 실험연구", 『한국어교육』 28-3, 105-126.

이현복·김선희(2011), 『(언어장애자와 정상인의 발음 진단을 위한) 한국어 발음 검사』, 한국학술정보.

이호영(1996), 『국어음성학』, 태학사.

장아남(2016), "고급 한국어 학습자를 위한 음운 규칙 교육용 과제 구성 방안 연구- 발음, 말하기, 듣기의 통합을 중심으로", 『한국어교육』 27-4, 219-242.

장향실(2008ㄱ), "외국인 한국어 학습자를 위한 음운 규칙 항목 선정 연구", 『한국언어문학 65』, 한국언어문학회.

장향실(2008ㄴ), "외국인 학습자를 위한 한국어 음운 규칙의 제시 순서 연구", 『한국어교육』 19-3, 427-446.

장향실(2009), "중국인 학습자의 한국어 음절 오류와 교육 방안", 『우리어문연구』 34, 349-371.

장향실(2014), "외국인을 위한 한국어 발음 교육에서 음운의 제시 순서 연구", 『한국언어문화학』 11권3호, 221-245.

장혜진(2015), "한국어 교육을 위한 억양 교육 항목에 대하여", 『한국어학』 67, 193-215.

정명숙·이경희(2000), "학습자 모국어의 변이음 정보를 이용한 한국어 발음 교육의 효과: 일본인 학습자를 중심으로", 『한국어교육』 11-2, 151-167.

정명숙(2002), "한국어 억양의 기본 유형과 교육 방안", 『한국어교육』 13-1,

225-241.

정명숙(2008), "한국어 학습자를 위한 전략적 발음 교육-중국인 학습자를 중심으로-", 『한국어학』 38, 345-369.

정명숙(2011), "이중언어학회 창립 30주년 기념 기획 논문: 한국어 발음 교육 연구의 성과와 과제", 『이중언어학』 47, 423-451.

정미지(2017), 『한국어 종성 발음 습득 연구』, 지식과교양.

조민하(2008), "연결어미의 기능 변화에 나타난 억양의 문법표지성", 『어문논집』 58, 94-125.

진남택(1993), "한국어 음소의 기능부담량: 계량 언어학적 연구", 『말소리』 2, 65-91.

최정순(2012), "한국어 발음 교육의 현황과 과제", 『언어와 문화』 8-3, 295-324.

하세가와 유키코(1997), "일본 학습자에 대한 한국어 발음 지도법 – 입문 단계를 중심으로-", 『한국어 교육』 8, 국제한국어교육학회, 161-178.

한국어문화연수부 편(1991), 『표준 한국어 발음연습1·2』, 고려대학교 민족문화연구소.

한종임(2001), 『영어음성학과 발음지도』, 한국문화사.

한재영 외(2003), 『한국어 발음 교육』, 한림출판사.

허 용(2012), "외국인 학습자의 한국어 발음 오류에 대한 음운론적 분석", 『한국학논집』 46, 201-232.

허용·김선정(2006), 『외국어로서의 한국어 발음 교육론』, 박이정.

Celce-Murcia, M., Brinton, D. & Goodwin, J.(1996), *Teaching Pronunciation: A Reference for Teachers of English to Speakers of Other Languages*, Cambridge: Cambridge University Press.

Dalton, Christiane & Barbara Seidlhofer(2004), 『Pronunciation 발음』, 윤여범 역, 범문사.

Grant, L., & Brinton, D. M. (ed.) *Pronunciation myths: Applying second language research to classroom teaching*, University of Michigan Press.

Gilbert, J. B.(2012), *Clear Speech: Teacher's Resource and Assessment Book*, NewYork: Cambridge University Press.

Hancock, M.(2003), *English Pronunciation in Use*, Cambridge: Cambridge University

Press.

Munro, M. J. & Derwing, T. M.(2006), The functional load principle in ESL pronunciation instruction: An exploratory study. *System*, 34, 520-531.

Nasr, Raja T.(1997), *Applied English Phonology for ESL/EFL Teachers*, University Press of America.

S. A. Jun.(2000), 「K-ToBI(Korean ToBI) Labelling Conventions(Version 3.0)」, *Speech Sciences*(『음성과학』) 7-3, 143-169.

Chun, D. M.(2002), *Discourse Intonation in L2: From theory and research to practice*, Amsterdam: Benjamins.

찾아보기

저자약력

박기영 서울대학교 국어국문학과에서 문학사, 문학석사, 문학박사 학위를 받았다. 일본 게이오대학에서 방문전임강사로 한국어를 가르쳤으며, 서울대학교 언어교육원 한국어교육센터 선임연구원, 서울대학교 기초교육원 강의교수를 거쳐 2009년부터 서울시립대학교 국어국문학과 교수로 재직 중이다. 저서로는 ≪한국어 교수법≫(공저), ≪외국인을 위한 한국어 발음 47≫(공저) 등이 있다.

이정민 서울시립대학교 국어국문학과에서 문학사, 몽골국립대학교 몽골어학과에서 문학석사 학위를 받았고, 서울시립대학교 국어국문학과 박사 과정을 수료하였다. 총신대학교 한국어학당 강사, 서울시립대학교 한국어학당 강사를 거쳐 현재 서울대학교 언어교육원 한국어교육센터 강사로 재직 중이다.

- 이 저서는 2016년도 서울시립대학교 연구년교수 연구비에 의하여 연구되었음. -

한국어 발음 어떻게 가르칠까
- 외국어로서의 한국어 발음 교육론

초판 1쇄 발행 2018년 1월 30일
초판 2쇄 발행 2019년 3월 11일
초판 3쇄 발행 2023년 2월 24일

저 자 박기영·이정민
펴낸이 이대현
편 집 이태곤 권분옥 임애정 강윤경
디자인 안혜진 최선주 이경진 | 마케팅 박태훈
펴낸곳 도서출판 역락 | 등록 제303-2002-000014호(등록일 1999년 4월 19일)
주 소 서울시 서초구 동광로46길 6-6 문창빌딩 2층(우06589)
전 화 02-3409-2058(영업부), 2060(편집부) | 팩스 02-3409-2059
전자우편 youkrack@hanmail.net | 홈페이지 www.youkrackbooks.com
ISBN 979-11-6244-143-5 93370

■ 정가는 표지에 있습니다.
■ 잘못된 책은 교환해 드립니다.